SEHR GUT
VEGETARISCH KOCHEN

SEHR GUT
VEGETARISCH KOCHEN

Christian Wrenkhs Gourmet-Rezepte

Liebe Leserin,
lieber Leser,

wir wünschen uns, dass Ihnen dieses Buch viele interessante Anregungen gibt. Die Rezepte sollen Ihre Kreativität beflügeln und nicht einschränken, sie sollen Ihnen neue Ideen geben. Experimentieren Sie in der Küche! Kochen ist einfacher als man denkt, wenn man sich aus den Schablonen mancher Profiköche und Standardrezepte löst. Außerdem: Kochen ist eine sinnliche Erfahrung, man kommt nur auf den Geschmack, wenn man probiert. Und gerade die vegetarische Küche ist unendlich reich an Abwechslung und Alternativen, an Farben und Aromen.

Es gibt viele Gründe, warum man lieber vegetarisch isst. Wir sehen das hier vor allem unter dem kulinarischen Aspekt. Viele Rezepte sind für ganze Mahlzeiten konzipiert, mal sind es aber auch Bausteine, die man miteinander kombinieren kann. Und das dann gerne auch mit Fleisch und Fisch, damit Vegetarier und Nicht-Vegetarier gemeinsam mit Freude zusammen am Tisch sitzen und essen.

Das Buch ist hoffentlich auch eine Einladung, mehr gemeinsam zu kochen. Das ist die perfekte Gelegenheit, um Freude und Genuss zu teilen. Das Ziel jeder Küche ist erreicht, wenn alle glücklich und zufrieden am Tisch sitzen, wenn die Speisen lecker und die Menschen locker sind, wenn die Stimmung gelöst ist.

Inhaltsverzeichnis

Vegetarisch, praktisch, gut

Kreativ kochen ist kein Hexenwerk.

Dies ist ein Buch für Gemüsefans und alle, die gerne Neues probieren. Wenn Gemüse und Hülsenfrüchte nicht nur Beilage sind, sondern eine Hauptrolle spielen, ergeben sich oft ganz neue, ungewohnte Kombinationen. Dafür sorgen Kräuter und Gewürze, ebenso der Blick über die Grenzen in die Küchen anderer Völker und Erdteile. Möhren mit Ingwer und Kokos oder Bohnen mit Schoko und Chili bringen Schwung in den Küchentrott. Es lohnt aber auch der Blick zurück auf Lebensmittel, die schon fast vergessen sind. Sie werden überrascht sein, wie gut sich karamellisierter Dinkelreis zum Dessert macht, wie erfrischend ein Salat mit Topinambur und Granatapfel ist, wie aromatisch Mairübchen aus dem Ofen schmecken.

Je bunter, desto besser

Dieses Buch zeigt eine Küche, die geschmacklich und ernährungsphysiologisch auf eigenen Beinen steht. Es sind einfache Rezepte für schnelle Gerichte, die auch ohne Fisch und Fleisch als ganze Mahlzeit taugen. Nichts spricht aber dagegen, eines von beiden als Ergänzung für diejenigen auf den Tisch zu bringen, die Appetit darauf haben. Meist empfiehlt sich dafür kurz Gebratenes oder Gegartes – es geht ja auch ums praktische Kochen für jeden Tag.

Immer mehr Menschen ernähren sich aus verschiedenen Gründen vegetarisch. Gesundheitlich ist der Verzicht auf Fisch und Fleisch mindestens bedenkenlos. Höchstwahrscheinlich leben Vegetarier sogar gesünder. Allerdings nur, wenn sie sich nicht einseitig ernähren – einfach nur auf Fleisch zu verzichten, ist keine Lösung. Auch fürs körperliche Wohl gilt: Je mehr Abwechslung in der Küche herrscht, desto besser. Wer reichlich Obst und Gemüse auf dem Speiseplan hat, dazu Hülsenfrüchte und Körner, Käse und Milch, isst auf jeden Fall richtig.

Experimentieren

Gemüse, Körner und Hülsenfrüchte verhalten sich nicht immer gleich, garen unterschiedlich schnell, nehmen mal mehr, mal weniger Wasser auf. Was vom Feld oder Baum geerntet wird, ist ja nicht standardisiert, sondern immer ein wenig anders – je nach Wetter und Anbau. Kochzeiten und Mengen der Zutaten sind daher keine ehernen Gesetze, sondern Angaben zu Ihrer Orientierung. Die Rezepte klappen auch, wenn es in der Praxis etwas anders läuft, wenn die Garzeiten länger sind oder wenn Sie von einer Zutat etwas mehr oder weniger verwenden als angegeben.

Abschmecken

Hauptsache, es wird mit Liebe abgeschmeckt. Feste Regeln gibt es da nicht. Jeder Geschmack ist etwas anders, manche mögen es salziger, andere scharf oder vielleicht eher säuerlich. Deshalb wollen wir nur eine Idee geben, wie es schmecken könnte. Experimentieren Sie ruhig weiter, vertrauen Sie Ihrem Empfinden. Und nehmen Sie die Mengenangaben für alles, was würzt, nur als Richtwert.

Vorrat macht fix

Es gibt Rezepte für ganze Mahlzeiten und solche für den Vorrat, für Bausteine zum Kombinieren. Diese Basics sind praktisch und zeitsparend. Mit einem Kernöl- oder Tofudressing aus dem Kühlschrank, schon vor ein paar Tagen geputztem Salat und vorgekochter Quinoa bringen Sie im Handumdrehen eine leichte Mahlzeit auf den Tisch. Fertige Polenta lässt sich schnell als Beilage zum Pilzgulasch aufbraten, passt aber auch gut zu gegrilltem Kopfsalat. Basisrezepte gibt es beispielsweise für Salatsaucen und Chutneys, für alle Körner und Beilagen wie Polenta oder Basmatireis. Das alles hält sich gekühlt länger, als mancher meint. **Fazit:** Ein großer Kühlschrank spart Zeit.

Vor- und zubereiten

Die Rezepte haben wir in zwei Arbeitsgänge unterteilt, wie es Profiköche mit der „mise en place" praktizieren: Erst kommt die Vorbereitung (wie Zwiebeln hacken, Spargel schälen), dann die Zubereitung (wie Zwiebeln anbraten, Spargel kochen). Das macht das Kochen auch für Anfänger entspannt und übersichtlich. Auf beide Arbeitsgänge beziehen sich auch die Angaben zu der Zeit, die Sie für ein Rezept brauchen. Die Zubereitung für Bausteine aus dem Vorrat ist aber nicht darin enthalten. Prüfen Sie die Rezepte also auch daraufhin, ob nötige Basiszutaten schon fertig bereitstehen. Polenta zum Beispiel lässt sich am besten knusprig braten, wenn sie vom Vortag stammt.

Eine Liste gegen den Einkaufsstress

Mit diesen Vorräten sind Sie immer gut vorbereitet.

So mancher Vorratsschrank wird zum Zwischenlager, in dem diverse Zutaten die Zeit zwischen Impulskauf und Mülltonne verbringen. Denn bei der Riesenauswahl im Supermarkt greifen wir oft zu Dingen, die wir nicht aktuell, sondern vielleicht irgendwann mal brauchen.

Da hilft eine Liste mit Lebensmitteln, die im Vorrat wirklich wichtig sind. Wenn man die Trockenzutaten der Liste – wie Linsen, Reis, Bohnen – mit den fünf unentbehrlichen Lagergemüsen – Möhren, Zwiebeln, Knoblauch, Kartoffeln, Ingwer – kombiniert, hat man bereits die Basis für eine ganze Reihe von Rezepten. Sehr viel mehr Varianten werden es mit zwei oder drei frisch gekauften Zutaten, die gerade Saison haben.

Merke: Das Kochen im Alltag wird stressfreier, wenn man die Zutaten für ein Rezept nicht extra zusammenkaufen muss, sondern wenn sich die Zutaten ein Rezept suchen. Denn es ist viel einfacher zu sagen, dieses und jenes habe ich vorrätig und daraus kann ich beispielsweise drei verschiedene Gerichte komponieren, als umgekehrt.

Die in Klammern angegebenen Zahlen sind die Untergrenze für den Vorrat. Damit lässt sich schon gut kochen. Wenn Sie die gesamte Liste vorrätig haben, sind Sie fast perfekt ausgestattet.

Öle und Fette
(mindestens 5 davon)

1. Raffiniertes Rapsöl zum Braten ist gesund und preiswert.

2. Nicht zu fruchtiges Olivenöl für Salat und zum Würzen

3. Kaltgepresstes Rapsöl für Salate. Es hat einen ausgeprägteren Eigengeschmack als raffiniertes Rapsöl und ist teurer. Probieren lohnt sich. Wer es nicht mag, kann auch raffiniertes Rapsöl für die Salate verwenden.

4. Sesamöl hell (ist mild im Aroma) für die asiatisch inspirierte Küche

5. Sesamöl dunkel geröstet (ist kräftig im Aroma) für die asiatisch inspirierte Küche

6. Kürbiskernöl für Salate oder zum Abschmecken von Suppen

7. Butter oder ungehärtete Margarine

8. Kokosmilch

9. H-Sahne

Salziges

1. Salz

2. Eventuell Meersalz

Süßes
(mindestens 2 davon)

1. Honig (zum Süßen von Gerichten sollte es flüssiger Honig sein)

2. Ahornsirup

3. Zucker, weiß und/oder dunkel

4. Puderzucker

Fruchtiges bis Saures
(mindestens 3 davon)

1. Zitronensaft (gibt es auch in kleinen Flaschen abgefüllt)

2. Balsamessig hell und dunkel

3. Apfelessig

4. Reisessig für die asiatische Küche

Fruchtiges süß bis herb
(mindestens 3 davon)

1. Tomatenkonserven, geschält

2. Dunkle Schokolade, ab etwa 70 % Kakaoanteil

3. Mangopulpe (gibt es im Asialaden)

4. Rote-Bete-Saft (gibt es im Reformhaus)

5. Reiswein (Mirin) für asiatisch inspirierte Küche (gibt es im Asialaden)

6. Weiß- und Rotwein für säuerlich herbes Aroma und Portwein für süßliches Aroma

Würziges bis Scharfes
(mindestens 4 davon)

1. Schwarzer Pfeffer
2. Dijonsenf
3. Cayennepfeffer
4. Senfsaat
5. Sojasauce
6. Norialgen (aus dem Asialaden)

Körner & Pasta
(mindestens 5 davon)

1. Quinoa
2. Buchweizen
3. Hirse
4. Reis
5. Hülsenfrüchte wie Rote Linsen, Dosenbohnen
6. Nudeln
7. Semmelbrösel
8. Mehl

Wurzeln, Zwiebeln & Knollen
(mindestens 4 davon)

1. Zwiebeln
2. Knoblauch
3. Möhren
4. Ingwer
5. Kartoffeln

Gewürze

Es reicht, die Gewürze zu bevorraten, die Sie tatsächlich oft verwenden. Häufig werden sie doch nicht gebraucht, weil frische Kräuter besser schmecken. Dann verlieren sie im Vorratsschrank ihr Aroma. Hier die wichtigsten:

Würzig & exotisch
(kann, muss nicht)

1. Kurkuma
2. Sternanis
3. Koriander
4. Kreuzkümmel

Würzig & vertraut
(kann, muss nicht)

1. Thymian
2. Majoran
3. Kümmel
4. Paprika
5. Lorbeer
6. Muskatnuss

Nützliche Zutaten, die nicht jeder kennt

✘ Hefeflocken zum Binden von pikanten Speisen, Saucen und Salatdressings. Sie haben viele B-Vitamine, enthalten reichlich Folsäure und sind daher nicht nur praktisch, sondern auch sehr gesund.

✘ 2 Sorten Miso (japanische Würzpaste aus dem Asialaden)

✘ Gemahlene Bourbonvanille schmeckt sehr viel besser als Vanillezucker, erst recht als der Zucker mit synthetischem Vanillin (Sie bekommen sie zum Beispiel im Bioladen oder über das Internet).

Wenn es schnell gehen soll

Auch manche Konserven sind hilfreich fürs kreative Kochen. Die meisten Hülsenfrüchte zum Beispiel müsste man sonst Stunden einweichen und garen. Und empfindliche Vitamine schwinden beim Erhitzen immer, egal ob zu Hause oder in den Töpfen der Industrie. Die meisten Mineral- und Ballaststoffe dagegen überstehen Hitze unbeschadet.

Beispiele in diesem Buch sind Hülsenfrüchte wie verschiedene Bohnensorten, dazu Gemüse wie Grünkohl oder Mais. Fast unschlagbar sind Dosentomaten. Sie schmecken meist sogar besser als das, was man hierzulande im Sommer frisch im Laden bekommt. Und sie bieten mehr wichtige gesunde Pflanzenstoffe als frische Tomaten.

Weiter praktisch: Konserven beanspruchen nicht den ohnehin knappen Platz im Kühlschrank – und sie sind jahrelang haltbar.

Tipps für den Vorratsschrank

Wie Sie Ihren Einkauf am besten unterbringen und wie lange er sich hält.

Je weniger Feuchtigkeit, desto schlechter können Verderbniskeime sich vermehren. Das gilt auch für Lebensmittel und Gewürze. Zucker und Salz sind daher praktisch unbegrenzt haltbar, auch wenn sie – wie fast alle verpackten Lebensmittel – ein Mindesthaltbarkeitsdatum (MHD) tragen. Ideal für Ihren Vorrat sind Mehl, Nudeln oder Reis. Zwar haben auch sie ein MHD. Das können Sie aber großzügig überschreiten, solange der Geschmack weiterhin in Ordnung ist.

Kühl und trocken

Die Devise gilt für die Lagerung der meisten länger haltbaren Lebensmittel. Denn auch Wärme fördert den Verderb. Ideal wären kühlere Vorratskammern oder gar ein Keller. Der ganz normale Küchenschrank von heute tut es als Vorratsschrank aber auch, die Temperatur dort gilt für den durchschnittlichen Trockenvorrat und Konserven als kühl genug. Man sollte nur nichts neben der Heizung oder in der Sonne lagern und auch nicht in hellem Licht, denn auch Helligkeit fördert den Verderb. Das Gewürzregal über dem Herd ist daher keine gute Idee: Dort ist es weder kühl noch trocken und außerdem hell.

Was bedeutet Mindesthaltbarkeit?

Nehmen Sie das MHD ruhig wortwörtlich. „Mindestens haltbar bis ..." heißt: Das Produkt soll auf jeden Fall bis zu diesem Datum (MHD) in Ordnung sein. Doch danach verdirbt es ja nicht schlagartig. Es sollte also noch einige Zeit darüber hinaus genießbar sein, wenn auch möglicherweise mit Qualitätsverlusten. In anderen Ländern liest man Hinweise wie „best before ...". Das sagt klarer: Diese Produkte kann man ruhig auch länger verwenden, nur sind sie eben irgendwann nicht mehr „best".

Was kann passieren? Vielleicht verändern sich nach dem MHD Aussehen und Farbe, leiden Vitamine und Geschmack. Die Gesundheit gefährdet das aber nicht, solange kein Schimmel auftritt und Dosen sich nicht wölben. Selbst Milchprodukte wie Joghurt oder Speisequark aus dem Kühlschrank oder wie H-Sahne sind nach dem MHD meist lange in Ordnung, vorausgesetzt sie schmecken noch und sind nicht verschimmelt.

Die Fristen stammen von der Industrie

Ohnehin sind MHD-Fristen viel weniger strikt, als mancher meint. Denn die Hersteller legen sie selbst fest, bestimmen also, wie lange ein Lebensmittel von der Herstellung an ohne Abstriche genießbar sein sollte. Und diese Frist kann bei derselben Produktgruppe von einem Hersteller zum anderen sehr unterschiedlich sein.

Wer allerdings auch Fleisch, Wurst oder Fisch aus dem Kühlregal kaufen will, sollte die Frist ernst nehmen, vor allem, wenn Verbrauchsfristen anstelle des MHD angegeben sind. „Zu verbrauchen bis ..." bedeutet letztlich, das Lebensmittel könnte danach die Gesundheit gefährden.

Mindesthaltbarkeitsfristen können je nach Produkt bis zu zwei Jahren und länger gelten. Tatsächlich sind solche Produkte oft noch länger in Ordnung. Auch Konserven zum Beispiel sind theoretisch fast unbegrenzt haltbar, seien sie nun vegetarisch oder nicht.

Anders ist das bei allem aus und mit Vollkorn wie Reis, Nudeln und Mehl. Das kann nach schon etwa sechs bis zwölf Monaten ranzig werden. Denn im vollen Korn steckt ja noch der Keimling mit natürlichem Fett, das nach einigen Monaten verderben kann. Achten Sie hier also genauer auf das MHD.

Solange Vollkornprodukte aber noch schmecken, spricht nichts dagegen, sie auch zu verzehren. Und selbst wenn sie ranzig geworden sind, schmeckt das zwar nicht mehr. Aber gesundheitsgefährdend sind solche Lebensmittel deshalb nicht.

Fazit: Exakte Fristen und feste Regeln für den Umgang mit Produkten jenseits des MHD gibt es nicht. Letztlich muss man selbst probieren und das Ergebnis auch verantworten. Es gilt: Schauen, schnuppern, schmecken – und in den Müll damit, wenn etwas verdorben erscheint.

Luftdichte Behältnisse

Nicht gefährlich, aber unappetitlich sind Lebensmittelmotten, die sich besonders gerne in fett- und kohlenhydratreichen Produkten einnisten. Nur luftdichte Behältnisse – Kunststoffdosen, Schraubgläser – halten sie und ihre Maden zuverlässig fern.

Kühlen verdreifacht die Haltbarkeit

Die meisten Gemüsesorten halten sich kalt oder kühl am besten.

Ein Salatkopf strotzt nur so vor gesunder, grüner Frische. Die verderbnisfördernden Bakterien sieht man nicht. Ideale Bedingungen zum Vermehren finden sie zwischen 15 und 40 °C, also in jeder Küche. Da kann sich die Zahl der winzigen Spielverderber alle 20 Minuten verdoppeln. Bei niedrigen Temperaturen vermehren sie sich langsam bis gar nicht.

Kälte hemmt die Keime – und die Enzyme in Obst und Gemüse, die ebenfalls für Verderb sorgen. Auch lichtgeschützte Lagerung verlangsamt die Abbauprozesse. Kurzum: Ohne Kühlschrank geht es nicht.

Frisches kaufen

Je frischer das Gemüse ins Haus kommt, desto länger hält es. Aber schon der Kauf hat seine Tücken. Abgepackte Lebensmittel sollen ein Mindesthaltbarkeitsdatum (MHD) tragen. Im Supermarkt zeigt sich: Das gilt nicht immer. Zwar haben küchenfertige Salatmischungen ein MHD. Doch bei Chicorée und anderem sucht man den Hinweis auf Haltbarkeit vergebens, selbst bei Sensibelchen wie Rucola oder Feldsalat. Eine Argumentation: Durch die Folie ist der Zustand der Waren erkennbar.

Wobei man nicht immer sehen kann, ob Tomaten und Champignons nicht schon ihr halbes Leben als Sonderangebot verbracht haben. Aber das ist auf dem Markt nicht anders. Also: Hinsehen, dem Augenschein trauen, Angegammeltes liegen lassen. Für lange Frische umso wichtiger ist die richtige Lagerung zu Hause.

Eine Woche für Salat

Gerade Empfindliches verliert schnell an Geschmack und Gesundheitswert. Spinat hat schon nach einem Tag bei Zimmertemperatur etwa 50 Prozent Vitamin C eingebüßt, im Kühlschrank ist es nur halb so viel. Dort können es frischer Spinat oder Salat durchaus auf eine Woche und mehr bringen, auch sensibler Feldsalat.

Überhaupt: Gut gelagert hält sich vieles länger, als man glaubt. Langlebige Lagergemüse sind alle Kohlsorten, aber auch Möhren. Sie können auch nach drei Monaten und mehr noch schmecken, Rote Bete, Kartoffeln oder Zwiebeln sogar nach sechs. Das gilt meist aber nur unter Idealbedingungen wie in den Lagern der Hersteller: mit je nach Sorte abgestimmter Luftfeuchtigkeit und Temperatur.

Vorratskammern sind für vieles ideal

Für den Haushalt gilt die Regel, das meiste einfach so kühl wie möglich zu lagern. Denn bei 0 °C kann sich – siehe Tabelle – die Haltbarkeit im Vergleich zu 5 °C verdreifachen.

Kein Platz mehr im Kühlschrank? Vorratskammern oder -keller mit Temperaturen von etwa 5 bis 15 °C wären für viele Obst- und Gemüsesorten ideal, es gibt sie aber selten. Meist muss man sich mit Vorratsschränken abfinden, und dort herrscht nun mal Zimmertemperatur. Kartoffeln zum Beispiel leiden oft: Im Kühlschrank ist es ihnen zu kalt, im Vorratsschrank zu warm. Dort keimen sie schnell aus und verschrumpeln.

Tomaten hassen Kälte

Kälte tut oft, aber nicht immer gut. Tomaten entwickeln im Kühlschrank unangenehme Geschmacksstoffe. Auch Zitrusfrüchte oder Bananen machen sich ungekühlt besser, vor allem wenn sie noch nachreifen. Empfindlichen Sorten wie Himbeeren oder Erdbeeren darf es kalt, aber nicht zu kalt werden. Dann leidet ihre Konsistenz, sie matschen. Salatblättern passiert das auch, bei nur etwas unter 0 °C fallen sie leicht zusammen.

So lange kann Gemüse lagern

	Kühllagerung konventionell bei 5 °C (in Tagen)	unter Idealbedingungen bei 0 °C (in Tagen)
Brokkoli	5–7	14
Möhren	10–20	80–120
Kohl	14–20	90
Kräuter	7–10	28
Pilze	1–3	5–7
Salat	2–5	7–20
Spinat	3–5	10–14

© aid infodienst

Im Voraus kochen macht kreativ

Kontrolliert Kühlen: Wie Sie Zubereitetes im Kühlschrank lagern.

Je kürzer Sie in der Küche stehen, desto mehr Zeit bleibt, um mit Genuss zu speisen. Das Baukastenprinzip mit der Kombination verschiedener Zutaten ist dafür ideal. Allerdings: Spontanes Kombinieren klappt nur mit Köpfchen, Kochen im Zeitraffer nicht ohne vorbereitete Basiszutaten.

So sollten Sie planen

Überlegen Sie, welche Zutaten und Gerichte in der Jahreszeit interessant sein könnten. Kochen Sie Basiszutaten und solche, die Sie besonders mögen, einige Tage im Voraus. Zum Beispiel: Haferkerne fürs Frühstück, Quinoa für zwei bis drei Mahlzeiten, ebenso Nudeln oder Kartoffeln, Linsen, Buchweizen. Damit kommen Sie schon fast durch die Woche, können immer wieder anders kombinieren.

Vorarbeit schafft Platz

Bewahren Sie Salat am besten verzehrfertig auf: gewaschen, trockengeschleudert und untergebracht in luftdichten Behältern wie Klarsichttüten oder Dosen. Verzehrfertige Salatblätter nehmen im Gemüsefach auch weniger Platz weg als ein ganzer Salatkopf.

Klare Verpackungen geben Übersicht

Körner, Reis, Linsen und Bohnen lassen sich in Klarsichttüten (wie im Foto rechts) praktisch stapeln. Chutneys oder Saucen gehören in wiederverschließbare Gläser mit Deckel, ebenso Mus oder Apfelbutter. Am besten alles beschriften. Für Salatdressings sind Gläser oder Flaschen geeignet, die sich schütteln lassen, falls sich Öl und andere Zutaten trennen.

Befreites Gemüse

Befreien Sie Gemüse wie Möhren, Blumenkohl, Kohlrabi oder auch Radieschen von dem größten Teil ihres Grüns und bewahren es getrennt zur späteren Verwendung auf. Das hält Wurzelgemüse länger frisch, weil das Grün nicht weiter Wasser aus den Knollen zieht. Es spart auch Platz und vermeidet im Gemüsefach welkende Radieschenblätter neben knackfrischen Möhren oder Zucchini. Wurzelgemüse sollten Sie auch von grobem Dreck befreien, bevor es im Gemüsefach landet, allerdings nicht im Voraus schälen oder zerkleinern.

Frische Kräuter in Folie

Kräuter können Sie am besten in Frischhaltefolie einschlagen oder in Klarsichttüten unterbringen. So können sie etwa eine Woche frisch bleiben. Sie ins Wasser zu stellen, ist keine gute Idee. Dort welken sie, weil ihr Stoffwechsel weiter aktiv ist.

Sauber hält länger

Je sauberer Dosen und Gläser, desto länger bleibt der Inhalt genießbar. Das gilt gerade für Vorgekochtes. Schnuppern Sie aber zur Probe, wenn Sie eine Packung mit vorgegarten Zutaten öffnen. Mit einer Woche Haltbarkeit können Sie meist rechnen. Und alles mit Säure – wie Chutneys, Dressings – ist noch deutlich länger in Ordnung.

Was der Kühlschrank kann

Kälte suchen: Am kältesten ist es in konventionellen Kühlschränken nahe der Verdampferplatte an der Rückwand und – weil kalte Luft nach unten sinkt – auf der Glasplatte. Dorthin oder in ein Spezialfach gehört besonders leicht Verderbliches wie Fisch und Fleisch.

Nach Temperatur einordnen: Im Gemüsefach ist die Temperatur etwas höher und es ist etwas feuchter. Das tut Gemüse gut. Am wärmsten ist es in den Türfächern. Dort sind Eier und Butter gut untergebracht.

Verpacken: Auch Kälte trocknet aus. Außerhalb des Gemüsefachs die Lebensmittel daher in Folie oder Behältern unterbringen.

Großzügig kaufen: Experten empfehlen für einen Ein- bis Zwei-Personen-Haushalt 120 bis 140 Liter, für jede weitere Person 50 bis 60 Liter mehr. Ein zu kleiner Kühlschrank ist schnell überfüllt. Dann kann die kalte Luft nicht richtig zirkulieren, es wird an einigen Stellen zu warm. Messen Sie mit einem Spezialthermometer nach, oft herrschen im Kühlschrank 8 °C und mehr.

Nützliche Küchengeräte

Weniger ist mehr: Sie brauchen keinen Maschinenpark, um gut zu kochen.

Viele motorisierte Küchenhelfer lassen sich nur aufwendig reinigen. Das kostet Zeit, macht wenig Freude und dämpft die Begeisterung, sie wieder einzusetzen. Auch in der Küche gilt: Abrüsten statt Aufrüsten.

Was wirklich wichtig ist, zeigt das Foto:

✘ Ein schönes, handliches Schneidebrett aus Holz, auf dem sich Gemüse hacken und schneiden lässt. Holzbretter einfach mit der rauen Seite des Küchenschwamms möglichst trocken, aber gründlich abwischen und aufrecht an einem trockenen und luftigen Ort lagern. Gebrauchsspuren und Patina sind erwünscht.

Obst besser auf einem Teller schneiden. So lässt sich der austretende Saft gut auffangen. Auch zum Schneiden von Chili ist ein Teller besser, denn die Schärfe dringt in das Holz und schärft unerwünscht nachfolgende Speisen. Die Alternative: ein kleines Kunststoffbrett, am besten mit Saftrille.

✘ Ein kleines Messer, um damit Gemüse zu putzen. Es sollte handlich und vor allem scharf sein. Die Klinge sollte spitz zulaufen und 10 bis 12 Zentimeter lang sein. Es kann auch einen kleinen Wellenschliff haben.

✘ Ein gutes großes Küchenmesser. Es ist mehr wert als zehn Küchenmaschinen. Der Griff muss gut in der Hand liegen. Längere Messer schneiden besser, mindestens 20 Zentimeter sollte die Klinge schon messen. Und sie muss vor allem scharf sein.

Merke: Ein scharfes Messer macht Lust, ein stumpfes bringt Frust.

✘ Ein Wetzstahl oder Streicher, damit das Messer scharf bleibt. Damit wird die Klinge immer wieder abgezogen. Dieses Abziehen vor, nach und sogar auch während des Schneidens beseitigt aber lediglich kleinste Scharten. Das regelmäßige Schleifen des Messers durch einen Fachmann ersetzt es nicht. Der erklärt auch genau, wie Sie einen Wetzstahl effektiv verwenden. Wichtig: Wetzstahl oder Streicher nicht mit anderen Metallgegenständen in einer Schublade lagern, da er sie sonst leicht beschädigt. Besser, Sie hängen den Wetzstahl an einen Haken.

✘ Spezielle Sparschäler, die mühsames Schälen mit dem Messer abnehmen. Es gibt solche für Kartoffeln (beziehungweise dünnere Schalen) und Spargel (dickere Schalen).

✘ Eine feine Stahlreibe für sehr fein geraspelten Ingwer, Zitronenschale und Ähnliches.

✘ Eine etwas gröbere Standreibe beispielsweise für Parmesan, anderen Käse oder Gemüse.

✘ Ein Pinsel zum Einfetten der Backbleche und zum Bestreichen von Strudelteig.

✘ Ein Haar- und ein Durchschlagsieb, um Körner und anderes abzugießen und zu -spülen.

✘ Eine Bratenschnur, um beispielsweise Serviettenknödel zu binden.

✘ Ein Schneebesen.

✘ Eine sogenannte Teigkarte mit Stiel, um damit Cremes und Saucen ohne Verlust aus Töpfen und Pfannen auszuwischen.

✘ Ein Stabmixer mit entsprechend hohem Gefäß zum Pürieren.

✘ Trichter, um das Ab- und Umfüllen in Vorratsbehälter wie Gläser einfacher zu machen.

✘ Spitzlöffel aus Metall, die das Umrühren von Risotto oder anderen gerührten Speisen erleichtern und das Anlegen am Topfboden verhindern.

✘ Beschichtete Spitzlöffel und Spachteln, um die Antihaft-Beschichtung von Pfannen und Töpfen zu schonen.

✘ 3 bis 4 Pfannen in verschiedenen Größen, am besten beschichtete und eine größere auch mit Deckel.

✘ Eine große Stielkasserolle mit Deckel, um beispielsweise Risotto zu rühren.

✘ Eine kleine Stielkasserolle mit Deckel, um Saucen und Körner zu kochen.

✘ Ein großer Kochtopf für Pasta, Kartoffeln, Gemüse.

Nicht auf dem Foto, aber oft praktisch:

✘ Einweghandschuhe, um sich beispielsweise gegen Rote-Bete-Flecken zu schützen.

✘ Eine Auflaufform oder ein Bräter für Speisen, die im Ofen gebacken oder überbacken werden.

Basisrezepte Körner und Reis

Der Trick ist eine Decke um den Topf. Damit können Körner bestens ausquellen.

Amaranth

Ergibt knapp 450 g: *300 ml Wasser* aufkochen, *160 g Amaranth* einstreuen, erneut aufkochen. Bei niedriger Hitze zugedeckt 20 Min. köcheln. Dann 20 Min. in einer Decke ausquellen lassen. Amaranth kocht nicht körnig, sondern klebt eher zusammen. Beim Auskühlen entsteht eine fast schon feste Masse.

⊠ 25 Min. + 20 Min. Ausquellen · **Pro 100 g:** 138 kcal

Buchweizen

Ergibt rund 500 g: *200 g Buchweizen* mit rund *700 ml Wasser* zum Kochen bringen, sofort abgießen und gut abspülen. Das entfernt unter anderem die Schleimstoffe, der Buchweizen kocht körniger, verpampt nicht. Dann die Körner mit rund *150 ml Wasser* aufkochen, die Hitze reduzieren, 5–8 Min. zugedeckt köcheln lassen, gelegentlich umrühren. Mindestens 20 Min. zum Ausquellen in eine Decke packen.

⊠ 20 Min. + 20 Min. Ausquellen · **Pro 100 g:** 112 kcal

Gerste

Ergibt knapp 600 g: *200 g Gerste* sehr gut waschen und abtropfen lassen. Mit der *doppelten Menge Wasser (400 ml)* zum Kochen bringen, dann die Hitze stark reduzieren. 25 Min. zugedeckt weiterköcheln lassen, dabei gelegentlich umrühren. Mindestens 20 Min. in eine Decke wickeln und ausquellen lassen.

⊠ 25 Min. + 20 Min. Ausquellen · **Pro 100 g:** 225 kcal

Vollkorn- und Dinkelreis

Ergibt rund 450 g: *200 g Vollkornreis oder Dinkelreis* sehr gut waschen und abtropfen lassen. Mit der *doppelten Menge Wasser (400 ml)* zum Kochen bringen. Sobald das Wasser kocht, die Hitze stark reduzieren, sodass der Reis gerade noch köchelt. Zugedeckt noch 20 Min. köcheln lassen, dann mindestens 20 Min. in einer Decke ausquellen lassen.

⊠ 30 Min. + 20 Min. Ausquellen · **Pro 100 g Reis (Dinkel):** 153 (140) kcal

Hafer

Ergibt rund 550 g: *200 g Haferkerne* gründlich waschen und abtropfen lassen. Die Haferkerne mit *etwas weniger als der doppelten Menge Wasser (350 ml)* zum Kochen bringen. Sobald das Wasser kocht, die Hitze stark reduzieren, sodass der Hafer gerade noch köchelt. Zugedeckt 20 Min. köcheln lassen, zwischendurch gelegentlich umrühren. Dann mindestens 20 Min. zum Ausquellen in eine Decke packen.

⧖ 30 Min. + 20 Min. Ausquellen · **Pro 100 g:** 118 kcal

Quinoa

Ergibt rund 500 g: *200 g Quinoa* sehr gründlich waschen und abtropfen lassen. Mit *etwas weniger als der doppelten Menge Wasser (320–340 ml)* aufkochen, dann die Hitze so herunterschalten, dass es im Topf gerade noch köchelt. Zugedeckt etwa 12 Min. weiterköcheln lassen. Dann mindestens 20 Min. zum Ausquellen in die Kochkiste packen beziehungsweise in eine Decke wickeln.

⧖ 20 Min. + 20 Min. Ausquellen · **Pro 100 g:** 134 kcal

Das Geheimnis der Kochkiste

Körner und Hülsenfrüchte gelingen am besten, wenn ihr Inneres optimal aufgeschlossen wird. Dafür sollten sie ausquellen. In der guten alten Kochkiste klappte das konkurrenzlos gut. Heute hüllt man einfach eine dicke Decke rund um den Topf. Das sorgt für die ideale Temperatur – weder zu warm noch zu kalt.

Wenn es wieder aufgewärmt ...

So können Sie Reis und andere bereits fertig gegarte Körner wieder aufwärmen: In einer beschichteten Stielkasserolle *½ Tasse Wasser* mit *Salz* und ein wenig *Butter* zum Kochen bringen. Die Körner dazugeben, umrühren, zugedeckt alles kurz aufkochen. Dann bei kleiner Hitze 2–3 Min. köcheln lassen, dabei immer mal wieder umrühren.

Basisrezepte Salatsaucen

Gut für den Vorrat: Dressings gleich in größeren Mengen zubereitet.

Rapsöldressing

Für 20 Portionen: *4 EL Essig, 2 EL Wasser, je 2 TL Salz* und *Dijonsenf* sowie *2 EL Hefeflocken* mit einem Schneebesen oder Mixstab mischen. In mehreren Portionen *300 ml Rapsöl* einrühren, sodass eine milchige Emulsion entsteht, die Zutaten gebunden sind.
Pro Portion: 135 kcal, 15 g F

Tofudressing

Für 20 Portionen: *Je 100 ml Wasser* und *Zitronensaft, je 2 EL Dijonsenf* und *Hefeflocken, 2 TL Salz* und *1 EL Ahornsirup* mit einem Schneebesen oder Mixstab verrühren. Dann *250 g Seidentofu* nach und nach einarbeiten, zum Schluss *200 ml Raps-* oder *Leinöl*.
Pro Portion: 105 kcal, 10 g F

Kernöldressing

Für 20 Portionen: *4 EL Apfelessig, je 2 TL Honig* und *Salz* sowie *je 2 EL Hefeflocken* und *Dijonsenf* mit *2 EL Wasser* vermischen. Zum Schluss portionsweise *280 ml Kürbiskernöl* hinzufügen und alles zu einer Emulsion verrühren.
Pro Portion: 135 kcal, 15 g F

Tipp 1: Die Säure von Essig und Zitrone konserviert die Salatsaucen. Gekühlt in Gläsern oder Flaschen mit Deckel halten sie sich mindestens mehrere Tage. Sollte sich Öl absetzen, schütteln Sie das Glas kräftig. So verbinden sich Öl und Wasser wieder zu einer Emulsion.

Tipp 2: Erwärmen Sie das Wasser bei der Zubereitung leicht. Die einzelnen Komponenten lösen sich dann einfacher auf und das Dressing emulgiert schneller.

Tipp 3: Hefeflocken aus dem Reformhaus stecken voller Vitamine und wirken emulgierend.

Tipp 4: Selbst empfindlicher Salat bleibt im Kühlschrank einige Tage frisch, wenn Sie ihn gewaschen und trocken geschleudert in saubere Plastiktüten füllen und diese mit einem Clip luftdicht verschließen.

Chutneys, Pasten und andere Begleiter

Sie peppen die Gerichte auf. Apfelbutter und Tofu-Pilz-Paste schmecken auch gut als Aufstrich. In saubere Schraubgläser gefüllt, lassen sich die Chutneys und Pasten im Kühlschrank 14 Tage aufbewahren.

Apfelbutter

Ergibt rund 1400 g: Je *80 g getrocknete Aprikosen und Pflaumen* in kleine Stücke schneiden, rund *40 g Paranüsse* grob hacken. *1,4 kg Äpfel* waschen, vierteln, Kerngehäuse herausschneiden und in kleine Stücke schneiden. Äpfel mit rund *100 ml Wasser* aufkochen. Die Hitze reduzieren, den Topf zudecken, aber zwischendurch immer wieder umrühren. Nach etwa 10 Min. sind die Äpfel weich. Sehr gründlich pürieren, um die Schalen einzuarbeiten. Gehacktes Trockenobst und Nüsse einrühren. Im Kühlschrank aufbewahren. Wenn gewünscht, bei der Verwendung mit Ahornsirup nachsüßen.
⊠ 25 Min. · **Pro 100 g:** 85 kcal

Apfelmus

Ergibt rund 1200 g: *1,4 kg Äpfel* waschen, vierteln. Das Kerngehäuse aus den Spalten schneiden. Die geputzten Spalten in kleine Stücke schneiden, mit *100 ml Wasser* aufkochen: Die Hitze reduzieren, den Topf zudecken, aber immer wieder mal umrühren. Nach 10 Min. sind die Äpfel weich. Sehr gründlich pürieren, um die Schalen einzuarbeiten. Im Kühlschrank aufbewahren. Wenn gewünscht, bei der Verwendung mit Ahornsirup nachsüßen.
⊠ 20 Min. · **Pro 100 g:** 55 kcal

Apfelchutney

Ergibt rund 1000 g: *50 g getrocknete Tomaten* in kleine Würfel schneiden. *1 kg Äpfel* waschen, vierteln, das Kerngehäuse herausschneiden, in kleinere Stücke schneiden. Äpfel mit *100 ml Wasser* aufkochen, die Hitze reduzieren, je *1 Messerspitze Kurkuma und mildes Paprikapulver* dazugeben, Topf zudecken und in etwa 10 Min. weich kochen. Zwischendurch immer wieder umrühren. Sehr gründlich pürieren, um die Schalen gut einzuarbeiten. Die gewürfelten Tomaten einrühren, salzen. Im Kühlschrank aufbewahren.
⊠ 25 Min. · **Pro 100 g:** 45 kcal

Möhrenkokos

Ergibt etwa 600 ml: *50–100 g Ingwer* schälen, fein raspeln, ausdrücken und den Saft auffangen. *400 g geschälte Möhren* grob raspeln, mit dem Ingwersaft und *400 ml Kokosmilch* etwa 10 Min. kochen, dabei salzen, dann pürieren. Heiß hat Möhrenkokos eher die Konsistenz einer Sauce, kalt wird er fester, ähnlich wie ein Dip. Im Kühlschrank aufbewahren.
⊠ 25 Min. · **Pro 100 ml:** 45 kcal

Paprikaessenz

Ergibt etwa 1 Liter: *1 kg rote Paprikaschoten* waschen und entkernen. *250 g Zwiebeln* und *3 Knoblauchzehen* schälen. Alles in kleine Stücke schneiden, mit *200 ml Wasser* aufkochen, salzen, bei niedriger Hitze etwa 15 Min. weich kochen, pürieren und in Schraubgläser füllen. **Tipp:** Schärfer wird es, wenn Sie einen Teil der Paprikaschoten durch Chilischoten ersetzen. Die Essenz hält sich im Kühlschrank bis zu 10 Tage.
⊠ 25 Min. · **Pro 100 ml:** 40 kcal

Tofu-Pilz-Paste

Ergibt rund 800 g: *25 g getrocknete Steinpilze* in *120 ml Wasser* 1 Stunde einweichen. *2 Zwiebeln* hacken, *250 g Räuchertofu* und *300 g Champignons* grob raspeln. Zwiebeln, Tofu und Champignons in etwa *7 EL Pflanzenöl* anschwitzen, salzen, gut durchrösten. Steinpilze mit Einweichwasser zugeben, alles weich kochen und gut pürieren. Im Kühlschrank aufbewahren. **Tipp:** Lassen Sie frische Kräuter mitkochen. Sehr gut passen zum Beispiel Majoran oder Oregano.
⊠ 30 Min. + 1 Std. Einweichen · **Pro 100 g:** 140 kcal

Beilagenrezepte

Cremige Polenta

Vor allem in Italien ist Polenta eine beliebte Beilage. Der Brei aus Maisgrieß kann cremig wie ein Püree sein oder auch fester, sodass sich die Polenta braten lässt.
⊠ 35 Min. · **Pro Portion:** 235 kcal, 12 g E, 6 g F, 33 Kh, 2 g B

Für 4 Portionen	Vorbereitung
500 ml Milch	
1 Knoblauchzehe	schälen und sehr fein hacken
150 g Maisgrieß/Polenta	
60 g Parmesan	reiben
Außerdem: Salz, Muskatnuss, Pfeffer	

Zubereitung

Je 500 ml Wasser und Milch mit dem gehackten Knoblauch und Salz aufkochen, dann den Maisgrieß mit einem Schneebesen oder Stabmixer einrühren.

Zugedeckt 25 Min. auf kleiner Hitze köcheln lassen. Dabei immer wieder mit einem Löffel umrühren. Kurz vor dem Servieren den geriebenen Parmesan darunterrühren, die Polenta mit etwas geriebener Muskatnuss und Pfeffer würzen.

Polentaschnitte

Für 800 g: *700 ml Wasser* mit *Salz* aufkochen, *1/2 EL Butter* oder *Margarine* und *250 g Maisgrieß/Polenta* einrühren. Einmal aufkochen, dann bei niedriger Hitze 10–15 Min. köcheln lassen, dabei immer wieder umrühren. Die Polenta vom Feuer ziehen, *20 g geriebenen Bergkäse* einrühren und 5–10 Min. ausdämpfen lassen. Einen 3–5 cm hohen Behälter mit mindestens 800 ml Fassungsvermögen kalt ausspülen. Die Polenta in einem Zug in die Form füllen und glatt streichen, unter einer Klarsichtfolie abkühlen lassen. Die erkaltete Polenta stürzen, in Stücke schneiden und braten.
Tipp: Polenta lässt sich nur ganz erkaltet schneiden. Am besten am Vortag zubereiten.

⊠ 35 Min. + 7 Min. Braten · **Pro 100 g:** 150 kcal, 4 g E, 5 g F, 23 Kh, 2 g B

Pfannenpolenta

Für 800 g: *1 l Wasser* mit *1 TL Salz* aufkochen, *200 g Maisgrieß/Polenta* einrieseln lassen, dabei mit einem Schneebesen umrühren. Bei geschlossenem Deckel und kleiner Hitze 30 Min. köcheln lassen, immer mal wieder umrühren. Vorsicht: Flüssige Polenta spritzt beim Kochen! Polenta in eine beschichtete, mit *Öl* oder *Butter* ausgefettete Pfanne füllen und glatt streichen. Mit einer Klarsichtfolie abdecken, abkühlen lassen. So können Sie die Polenta gleich in der Pfanne braten, ohne sie aufschneiden oder umfüllen zu müssen. Sie können die Polenta wie Pfannkuchen im Ganzen auf beiden Seiten braten oder wie Kaiserschmarrn in Stücken.

⊠ 40 Min. + 7 Min. Braten · **Pro 100 g:** 110 kcal, 2 g E, 3 F, 18 g Kh, 1 g B

Kichererbsensticks

Sie sehen fast aus wie Pommes frites, schmecken aber feiner und sind praktischer. Denn die Basis aus Kichererbsenmehl können Sie im Kühlschrank gut einige Tage bereithalten. Wichtig ist: In sehr heißem Öl ausbraten.

⊠ 25 + 30 Min. (plus Auskühlen) · **Pro Portion:** 185 kcal, 6 g E, 12 g F, 14 g Kh, 5 g B

Für 4 Portionen	Vorbereitung
125 g Kichererbsenmehl	

Außerdem: Salz, Öl für die Form, Fett zum Frittieren

Zubereitung

500 ml Wasser mit Salz aufkochen, das Kichererbsenmehl einrieseln lassen, dabei mit einem Schneebesen umrühren. Bei geschlossenem Deckel und kleiner Hitze 15 Min. köcheln lassen, immer wieder umrühren.

Die Masse in eine geölte, rechteckige Form geben, glatt streichen und 2–3 Stunden auskühlen lassen, sonst ist sie nicht schnittfähig. Auf ein Brett stürzen und in fingerbreite Streifen schneiden (7–8 cm lang).

In reichlich Fett in 2–3 Portionen schwimmend ausbacken. Das dauert jeweils etwa 8 Min. Wenn Sie eine Fritteuse verwenden, sollte das Fett 160–175 °C heiß sein.

Tipp 1: Es lohnt sich, den Teig auf Vorrat zuzubereiten. Die Sticks passen zum Beispiel gut zu den Auberginengerichten auf Seite 89 und 90.

Tipp 2: Je heißer das Öl, desto weniger geht davon in die Sticks über. Stecken Sie zur Probe einen Holzlöffel ins Öl. Es ist heiß genug, wenn sich Bläschen bilden.

Würzig gebratene Quinoa

Die Körner der südamerikanischen Quinoa sind auch als Inkareis bekannt. Kräftig gewürzt und knusprig gebraten, sind sie ein ganz besonderer Genuss.

⊠ 10 Min. · **Pro Portion:** 280 kcal, 7 g E, 15 g F, 29 g Kh, 1 g B

Für 4 Portionen	**Vorbereitung**
600 g gekochte Quinoa	oder 200 g kochen siehe Rezept S. 21

Außerdem: Rapsöl, Kurkuma, Paprika (edelsüß), Cayennepfeffer, Salz

Zubereitung

4 EL Öl in einer Pfanne erhitzen, gekochte Quinoa dazugeben, salzen und mit je einer Messerspitze Kurkuma und Paprika, eventuell auch etwas Cayennepfeffer würzen. Mit einem Kochlöffel oder Pfannenwender verrühren und knusprig braten (siehe Tipp). Rechnen Sie dafür gut 7 Min., bei größeren Mengen auch doppelt so viel.

Tipp: Ständiges Umrühren ist hier nicht sinnvoll. Es würde die Körner austrocknen, ohne dass sie richtig knusprig werden. Denn sie müssen Gelegenheit bekommen, eine Kruste zu bilden, und das dauert eine gewisse Zeit. Zu lange liegen bleiben sollen sie aber auch nicht. Hier hilft nur Ausprobieren – und am besten aus dem Handgelenk wenden: Die Pfanne hin und wieder mit Schwung vor- und zurückbewegen – das mobilisiert dann auch die Körner. Beschichtete Pfannen funktionieren dafür hervorragend.

Geschmolzene Tomaten

Natürlich kann man Tomaten nicht wirklich schmelzen. Aber sie sanft garen tut gerade den oft sehr harten Exemplaren gut, verbessert Geschmack und Konsistenz.
⧖ 10 Min.· **Pro Portion:** 95 kcal, 1 g E, 7 g F, 7 g Kh, 1 g B

Für 4 Portionen	**Vorbereitung**
500 g mittlere Tomaten	in Scheiben (knapp 1 cm dick) schneiden

Außerdem: Olivenöl oder Butter, Zitronensaft oder Essig, Salz, Honig

Zubereitung

2 EL Olivenöl oder 30 g Butter in einer Pfanne erhitzen. Die Tomatenscheiben auf beiden Seiten je 2 Min. sanft braten, bis sie weich sind und fast wie geschmolzen aussehen. Auf eine vorgewärmte Platte legen.

Den Bratensatz mit einem Spritzer Zitronensaft oder Essig ablöschen, mit Salz und 1 EL Honig (oder Ahornsirup) abschmecken. Kurz einkochen und über die Tomaten als Dressing geben.

Tipp: Geschmolzene Tomatenscheiben schmecken eigentlich immer, zu Hauptgerichten ebenso wie zum Frühstück, Brunch und Abendbrot.

Nicht nur Sommerhits

Über 1500 Tomatensorten gibt es weltweit, im Laden aber nur wenige. Sonnengereift sind Tomaten am besten. Ihr Geschmack hängt vor allem von der Sorte ab. Oft gilt: je kleiner, desto aromatischer. Am besten reifen die Früchte bei Zimmertemperatur nach, ob im Hellen oder Dunklen, macht keinen Unterschied. Kühlschranktemperaturen schaden dem Aroma. Tomaten aus der Dose – vor allem Flaschentomaten – sind für viele Gerichte ein guter aromareicher Ersatz.

Schnelle Bratkartoffeln

Bratkartoffeln dauern lange und sind eine fettige Sache? Diese nicht! Hier werden Kartoffeln ohne Kochen gleich mit wenig Öl gebraten. Das spart viel Zeit und Fett.
⊠ 20 Min + 10 Min. Wässern · **Pro Portion:** 190 kcal, 4 g E, 6 g F, 30 g Kh, 4 g B

Für 4 Portionen	**Vorbereitung**
1 kg Kartoffeln (festkochend)	schälen, in Stücke (etwa 3 cm mal 3 cm) schneiden und mindestens 10 Min. wässern, damit sich die Stärke löst

Außerdem: 25 ml Öl, Salz

Zubereitung

Nach dem Wässern die Kartoffelwürfel abtropfen lassen, mit einem Geschirrtuch gut trocken reiben und in einer Schüssel mit 2 EL Öl vermengen.

Einen Topf mit hohem Rand erhitzen und die Kartoffeln darin in etwa 7 Min. knusprig braten, dabei ab und zu umrühren, danach salzen. Zum Braten eignet sich am besten ein etwa 10 cm hoher Topf (oder eine Sauteuse). Er wird mit einer passenden Schüssel abgedeckt, die mindestens so tief ist wie der Topf. Oder man nimmt einen entsprechend stark gewölbten Deckel.

So funktioniert es:

Wichtig ist ein gut gewölbter Deckel. Er hält die Hitze zurück, was die Kartoffeln zusätzlich gart. Der Dampf entweicht beim Braten in die Deckelwölbung. Wasser im Deckel ab und zu abwischen. So werden die Kartoffeln in sehr kurzer Zeit gar und schön knusprig.

Sehr praktisch ist ein biegsamer Küchenspachtel aus Metall, um die Kartoffelwürfel von Zeit zu Zeit vom Topfboden zu lösen.

Basmatireis mit Joghurt

Basmati können Sie einfach wie Pasta kochen. Unsere Variante mit Joghurt braucht zwar Vorplanung und mehr Zeit, weil der Reis wie in der guten alten Kochkiste ausdämpft. Er schmeckt dann aber auch außergewöhnlich gut.

⊠ 10 Min. + 3 Std. Einweichen/Ausquellen · **Pro Portion:** 390 kcal, 6 g E, 14 g F, 60 g Kh, 2 g B

Für 4 Portionen	Vorbereitung
300 g Basmatireis	mit kaltem Wasser waschen, bis es klar ist, dann in 1 Liter Wasser 2 Stunden stehen lassen, abgießen

100 g Joghurt

Außerdem: Olivenöl, Salz

Zubereitung

Den abgetropften Reis plus Salz in 2 Liter kochendes Wasser geben und nur etwa 2 Min. kochen lassen.

Für die nächsten Schritte ist zügiges Arbeiten wichtig: Den Reis abgießen, ohne dass er dabei gründlich abtropft. Gleich anschließend in dem Topf 4 EL Olivenöl mit Joghurt mischen, den jetzt noch recht feuchten Reis dazugeben, umrühren und zugedeckt bei niedriger Hitze langsam aufkochen lassen. Im Topf soll sich wieder Dampf entwickeln.

Danach den Topf mit Reis in eine Decke einschlagen und 1 Stunde ausdämpfen lassen. Sofort servieren oder später bei Bedarf mit Öl oder Butter knusprig braten.

Tipp: Probieren Sie ihn mal persisch mit Knusperkruste. Den Reis auf sehr kleiner Flamme bis zu einer Stunde weiter kochen lassen. Dadurch brennt der Reis am Boden leicht an. Positiv ausgedrückt: Es entsteht eine knusprige Schicht, die viele – wie auch bei der spanischen Paella – am liebsten mögen. Am besten sofort verspeisen. Der Knusperreis verliert schnell seinen typischen Geschmack.

Der mit dem Duft

Basmati kommt vom Fuße des Himalaya. Wortwörtlich übersetzt heißt er „Der mit dem Duft". Guter Duftreis zeichnet sich durch ein wunderbar blumiges Aroma und lange Körner aus, die locker und fein garen. Mittlerweile gibt es den einst teuren Edelreis flächendeckend in Supermärkten und sogar bei Discountern. Allerdings mit zum Teil deutlichen Qualitätsunterschieden, die nicht über Preis oder Biosiegel auszumachen sind. Probieren Sie ruhig einmal auch billige Marken.

Mus geht immer

Wir kennen es vor allem von Kartoffeln: Pürees sind für viele Gerichte eine ideale Ergänzung. Experimentieren Sie aber ruhig einmal. Auch andere Gemüse wie Rüben oder Kürbis lassen sich wunderbar zu aromatischem Mus verarbeiten.

Fast jedes Gemüse lässt sich püriert im Kühlschrank einige Tage aufbewahren. Mit Hokkaidopüree lässt sich zum Beispiel ein Kartoffelsalat verfeinern (S. 80). Selleriepüree können Sie statt Kartoffelpüree servieren und Pastinakenpüree passt hervorragend zum Chicoréegratin auf S. 181. Als Faustregel rechnen Sie pro 100 g gekochtem Gemüse etwa 20 ml Wasser beziehungsweise Flüssigkeit, gerne auch Kochwasser. Das kann je nach Sorte mal mehr oder mal weniger sein, je nachdem wie fest oder flüssig Sie das Mus bevorzugen.

(Pro 100 g haben die Pürees 80–100 kcal)

Selleriepüree

Ergibt rund 700 g:
1 große Sellerieknolle (etwa 1 kg) schälen und in walnussgroße Stücke schneiden. Sellerie mit *400 bis 450 ml Wasser* und einem Spritzer Zitrone zum Kochen bringen, die Hitze reduzieren und 20–25 Min. kochen, bis der Sellerie weich ist. Vom Feuer ziehen, mit Salz und gut *80 g Butter* pürieren.

Tipp: Sie können das Püree im Backrohr bei maximal 60 °C bis zu 40 Min. warm halten.

Pastinakenpüree

Ergibt rund 600 g:
700 g Pastinaken schälen, in walnussgroße Stücke schneiden. Mit *300 ml Wasser* und *einem Spritzer Zitronensaft* aufkochen. Bei reduzierter Hitze 20–25 Min. kochen, bis die Pastinaken weich sind. Mit *5–6 EL Haselnussöl* (oder Olivenöl/ Butter) pürieren, salzen.

Hokkaidopüree

Ergibt rund 800 g:
1 kg Hokkaido schälen, Kerne entfernen, in *400 ml Wasser* etwa 8 Min. weich kochen. Mit *80–100 g Butter* pürieren und salzen.

Serviettenknödel aus Vollkorntoast

Serviettenknödel sind kompliziert? Diese nicht. Statt traditionell Weißbrot oder Brötchen vom Vortag zu nehmen, bildet hier Vollkorntoast die Basis.
⊠ 60 Min. · **Pro Portion:** 470 kcal, 19 g E, 14 g F, 58 g Kh, 10 g B

Für 2 x 4 Portionen	Vorbereitung
6 Eier	Eiweiß und Eigelb trennen
1 große Zwiebel	schälen und hacken
400 ml Milch	
1 Bund Petersilie	fein hacken
1 kg frischer Vollkorntoast	in kleine Würfel schneiden
Außerdem: Öl, Muskatnuss, Salz	

Zubereitung

Das Eiweiß steif schlagen.

Zwiebeln in 2 EL Öl anschwitzen, mit 300 ml Milch aufgießen, aufkochen, weich kochen, die restlichen 100 ml Milch dazugeben, abkühlen lassen.

Die 6 Eidotter und die gehackte Petersilie zu dem Zwiebel-Milch-Gemisch geben, etwas geriebene Muskatnuss und Salz hinzufügen, alles über das gewürfelte Toastbrot geben und gut verrühren. Das geschlagene Eiweiß darunterheben. Die Masse in eine Serviette einrollen, diese an den Enden zubinden. 30 Min. in sprudelndem Wasser kochen lassen.

Im Tuch etwas abkühlen lassen und in Scheiben schneiden. Sie können sie gleich noch warm servieren oder anbraten. Die restlichen Scheiben gekühlt aufbewahren und für die zweite Mahlzeit anbraten. (siehe Tipp).

> **Tipp**: Serviettenknödel sind nicht nur Beilage. Sie taugen auch perfekt als eigenständige kleine Mahlzeiten. Einmal fertiggestellt, lassen sich die Knödel bequem in Scheiben schneiden und portionsweise aufbraten, beispielsweise mit Ei oder Zwiebeln.

Von Klößen und Knödeln

Rein sprachlich wären es nur Klumpen. Kulinarisch gesehen sind Klöße und Knödel dagegen ausgesprochen vielversprechend: ein lockeres delikates Gemisch, meist als Beilage serviert. Basis kann vieles sein, von Kartoffeln über Grieß bis zu Käse und Spinat. Serviettenknödel verdanken ihren Namen der speziellen Herstellung: Hier wird die Kloßmasse nach böhmisch-österreichischer Tradition in ein Handtuch oder eine längliche Serviette gegeben, wo sie in kochendem Wasser gar zieht.

Frühling

Spargel sind klassische Frühlingsboten. Musiker haben sie besungen, Feinschmecker lieben sie. Aber auch andere Gemüsesorten wie zarte Rübchen sind einen Versuch wert.

Mairübchen aus dem Ofen mit Bohnen-Rucola-Stampf

Die zarten Rübchen kommen gebräunt aus dem Ofen, darauf ein paar Löffel stückiges Bohnenpüree, in dem nussiger Rucola für Frische und Würze sorgt. Er gibt eine leicht scharfe, bittere Note.

⧗ 45 Min. · **Pro Portion:** 350 kcal, 13 g E , 27 g F, 25 g Kh, 16 g B

Für 4 Portionen	Vorbereitung
6 Mairübchen (etwa 1 kg)	schälen und in 1–1,5 cm dicke Scheiben schneiden
1 Bund Frühlingszwiebeln	in nicht zu dünne Ringe schneiden, dabei möglichst viel Grün mit verwenden
1/2 Bund Bohnenkraut (oder Thymian)	Blättchen abzupfen und hacken
1 Dose weiße Bohnen (rund 450 g Einwaage)	unter fließendem Wasser abspülen, bis der Schaum abgewaschen ist. Oder 125 g getrocknete weiße Bohnen am Vortag einweichen, nach Packungsanweisung kochen
150 g Rucola	Stiele abschneiden, den Rest klein schneiden

Außerdem: Olivenöl, Salz, Zitronensaft, Pfeffer, heller Balsamessig

Zubereitung

Ofen auf 200 °C vorheizen.

Das Backblech mit 2–3 EL Öl einstreichen, die Mairübchen in Scheiben darauf platzieren, salzen. Nach 10 Min. Scheiben wenden, salzen, noch einmal etwa 10 Min. garen, bis die Rübchen leicht gebräunt sind.

Die Frühlingszwiebeln in 4 EL Olivenöl anschwitzen, 6 EL Wasser, Salz und die Kräuter dazugeben. Mit den Bohnen unter Rühren kurz aufkochen, weitere 4 EL Olivenöl und 2 EL Zitronensaft dazugeben. Die Bohnen mit einem Kartoffelstampfer zerdrücken, Rucolablätter unterrühren, salzen.

Die Stampfbohnen mit Rucola löffelweise auf die Rübenscheiben setzen, pfeffern, einige Spritzer weißen Balsamessig darübergeben. Den Rest vom Stampf als Beilage servieren.

> **Tipp:** Rucola kann vor allem in den Stielen viel Nitrat enthalten. Bio ist hier meist besser als Treibhausware.
>
> **Dazu passt:** Würzig gebratene Quinoa (S. 29).

Feine Rüben

Der Mai hat eigentlich nichts damit zu tun. Dass die weißen Kugeln nach dem Wonnemonat heißen, soll nur darauf hinweisen, dass es sich um zarte, junge Rübchen handelt. Und ob nun Mairüben, Teltower Rübchen, Navettes oder Halmrüben – das macht keinen großen Unterschied. Es sind alles enge Verwandte in einer großen Familie. Übrigens: Frische grüne Blätter können Sie mitverwenden.

Allrounder aus Japan

Miso fehlt in keiner japanischen Küche. Basis der milchsauer vergorenen Paste sind Sojabohnen, Salz und Getreide wie Reis. Der Geschmack variiert von süßlich-mild bis herzhaft-würzig, je nach Getreidesorte und Dauer des Fermentierens. Der hell- bis dunkelbraunen Paste werden reichlich gesundheitsfördernde Wirkungen nachgesagt, in Asien gilt Miso auch als Heilmittel. Sie bekommen die Paste im Asialaden.

Mairübchen mit Miso-Apfel-Senf

Lange waren die weißlichen kugeligen Rübchen fast vergessen. Jetzt bekommt man die sanften Mairüben – entgegen ihrem Namen – praktisch das ganze Jahr. Mit asiatischem Miso präsentieren sie sich als harmonische Ost-West-Verbindung.

⌛ 35 Min. · **Pro Portion:** 575 kcal, 37 g E, 44 g F, 25 g Kh, 13 g B

Für 4 Portionen	Vorbereitung
6 Mairübchen (etwa 1 kg)	schälen, in 1–1,5 cm dicke Scheiben schneiden
3 EL Miso (japanische Würzpaste)	
2 Äpfel	das Kerngehäuse ausstechen, grob raspeln
500 g Grillkäse (2 Pakete) z. B. Halumi, Provolone oder türkischer Bratkäse	Pakete jeweils halbieren, sodass es 4 Scheiben werden. Diese diagonal in insgesamt 8 Dreiecke schneiden.

Außerdem: Olivenöl, Dijonsenf, eventuell frische Kräuter

Zubereitung

Ofen auf 200 °C vorheizen.

Das Backblech mit 2 EL Öl einstreichen, die Mairübchen in Scheiben darauf platzieren und ein wenig hin und her schieben, sodass sie auf der Unterseite dünn mit Öl bedeckt sind. Die Scheiben umdrehen und mit der zweite Seite ebenfalls über das Backblech reiben.

Die Scheiben pro Seite etwa 10 Min. im Ofen garen. Sie sollten bissfest sein und idealerweise eine leichte Bräunung annehmen. Bei kleineren Portionen kann man die Mairübchen auch in einer Pfanne braten.

In einer Schüssel je 3 EL Miso und Senf gut verrühren, die Apfelraspeln daruntermischen.

Die Käsescheiben in einer Pfanne von allen Seiten anbraten. Ideal: eine Grillpfanne, denn sie bringt dekorative Streifen.

Mit den Mairübchen und dem Apfel-Miso-Senf auf Tellern anrichten. Nach Belieben mit frischen Kräutern wie Koriander bestreuen.

Tipp: Es lohnt sich, den Apfel-Miso-Senf gleich in etwas größeren Mengen zuzubereiten Im Kühlschrank hält er sich ein paar Tage.

Dazu passt: Schnelle Bratkartoffeln (S. 31).

Rote Bete mit Knoblauchsahne

Ein einfaches und köstliches Rezept: Rote Bete im Ofen gebacken. Am besten schmeckt es mit jungen, frühlingsfrischen Knollen. Knoblauchsahne und geriebener Meerrettich geben den besonderen Pfiff.

⊠ 35 Min. + 40 Min. Backen · **Pro Portion:** 615 kcal, 6 g E, 55 g F, 37 g Kh, 8 g B

Für 4 Personen	**Vorbereitung**
2–3 Bund Rote Bete (etwa 1 kg)	dünn schälen und in Spalten schneiden, etwa 8 pro Knolle
500 g Sahne	
3–4 Knoblauchknollen (etwa 100 g)	schälen, größere Zehen halbieren
250 ml Weißwein	
10 cm frischen Meerrettich	schälen, erst kurz vor dem Servieren reiben
Außerdem: Öl, Salz	

Zubereitung

Den Backofen auf 220 °C vorheizen. Die Rote-Bete-Spalten in einer Schüssel mit 4 EL Öl vermischen, nicht salzen. Auf einem Backblech 30–40 Min. backen, dabei mehrmals wenden.

Sahne und Knoblauch in einem kleinen Topf aufsetzen, möglichst so hoch, dass man später darin pürieren kann, ohne dass es spritzt. Die Knoblauchsahne 5 Min. kochen, salzen, mit dem Weißwein aufgießen. Bei mittlerer Hitze etwa 25 Min. kochen, bis sich die Flüssigkeit auf etwa zwei Drittel reduziert hat. Sehr fein pürieren, abschmecken.

Meerrettich über die Knoblauchsahne reiben und mit der Roten Bete zum Eintunken servieren.

Tipp 1: Rote Bete sind im Frühsommer am besten. Sie schmecken noch nicht so erdig und schwer wie oft im Spätsommer.

Tipp 2: Die Bete können auf der Kleidung wie auf den Fingern ein hartnäckiges Rot hinterlassen. Hilfreich beim Hantieren: Einweghandschuhe.

Dazu passt: Knusprige oder cremige Polenta (S. 27).

Frisch am besten

Wer Rote Bete nur sauer eingelegt kennt, sollte sie unbedingt einmal frisch zubereiten. Vor allem im Ofen gebacken schmecken sie köstlich. Ganz nebenbei sind sie auch noch gesund. Fertig gekochte Rote Bete aus dem Supermarkt sind ein Ersatz – mehr nicht.

Kräuterspargel aus der Pfanne

Spargel muss nicht in Wasser baden, bis er weich ist. Legen Sie ihn doch einfach mal kurz in die Pfanne. Dort wird er in wenigen Minuten bissfest und knackig. Gewürzt mit der Frische von Zitrone und Kerbel, überzeugt er so auch als Beilage. Dazu schmecken Salz- oder Pellkartoffeln, ebenso cremige Polenta (siehe S. 27)

⧗ 35 Min. · **Pro Portion:** 300 kcal, 5g E, 25g F, 6 g Kh, 4 g B

Für 4 Portionen	Vorbereitung
1 kg weißer und 500 g grüner Spargel	weißen Spargel ganz schälen, grünen in der unteren Hälfte, die Enden abschneiden, schräg in fingerlange Stücke schneiden
1 Bund Kerbel	hacken
1 Zitrone	auspressen

Außerdem: Olivenöl, Salz, Ahornsirup oder Honig

Zubereitung

6 EL Olivenöl in einen Bräter geben und erhitzen. Den vorbereiteten Spargel einstreuen und unter gelegentlichem Rühren ungefähr 6 Min. braten.

Mit gehacktem Kerbel, Zitronensaft und Salz abschmecken. Vor dem Servieren die Spargelstangen in der Pfanne in etwas Ahornsirup oder Honig (1 EL) schwenken.

> **Tipp:** Etwas einfacher, deutlich fettärmer, aber weniger aromatisch: den Spargel in 5 EL leicht gesalzenem Wasser einige Minuten auf kleiner Flamme in einem Topf zugedeckt gar ziehen lassen.

Frühlingsbote

Spargel ist seit Jahrhunderten ein willkommener Frühlingsbote. Wichtig ist, dass das Edelgemüse frisch ist. Dann können Sie auch zu den preiswerteren Handelsklassen greifen. Vor allem bei Gerichten wie diesem müssen die Stangen nicht kerzengerade sein, wohl aber fest. Und sie sollten sich nicht biegen lassen. Die Enden dürfen weder hohl noch bräunlich verfärbt sein und auch nicht ausgetrocknet. Grüner Spargel wächst nicht wie der weiße unterirdisch, er schmeckt kräftiger und aromatischer. Es gibt auch wilde, ganz dünne Stangen.

Spargelrisotto mit Kerbel

Spargelrisotto soll man rühren, rühren, rühren – sagt die Tradition. Das ist bei diesem Rezept nicht nötig. Es ist um ein Vielfaches schneller zubereitet.

⊠ 45 Min. · **Pro Portion:** 815 kcal, 25 g E, 35 g F, 99 g Kh, 10 g B

Für 4 Personen	Vorbereitung
1 Bund Frühlingszwiebeln	in 10 cm lange Streifen schneiden
1 Bund junge Möhren (rund 300 g)	schälen, halbieren und in Streifen (10 cm) schneiden
1,2–1,5 kg Spargel, grün und weiß	weißen ganz schälen, grünen in der unteren Hälfte, Stangen halbieren, in Streifen (10 cm) schneiden
250 g Sahne	
800 g Vollkornreis gekocht	oder 360 g Vollkornreis kochen (siehe Rezept S. 20)
80–100 g Parmesan	fein raspeln
1 kleines Bund Kerbel	Blättchen abzupfen, hacken

Außerdem: Öl, Salz, Zitronensaft, Honig (oder Ahornsirup), eventuell Butter

Zubereitung

Frühlingszwiebeln und Möhren in 1–2 EL Öl anschwitzen, Spargelstücke dazugeben, Sahne und 250 ml Wasser angießen, salzen, in etwa 10 Min. bissfest kochen. Gemüse herausnehmen, auf eine vorgewärmte Platte geben.

Den Sud mit je 1 EL Zitronensaft und Honig abrunden, mit dem gekochten Reis zu einem Risotto einkochen (etwa 10 Min.). Mit Parmesan, Kerbel, eventuell auch mit 50 g Butter abschmecken. Risotto in tiefe Teller geben, das Gemüse daraufsetzen.

> **Tipp:** 1–2 gehackte Chilischoten – ohne Kerne – geben dem Spargel extra Pfiff! Vorsicht: Die Chili wegen der Schärfe mit Handschuhen schneiden.

Edle Stangen – frischer Genuss

Je frischer der Spargel, desto besser schmeckt er. Achten Sie darauf, dass die Schnittstellen möglichst feucht sind und es quietscht, wenn man die Stangen aneinander reibt.

Spargel in Portwein mit Kräuterseitlingen & Süßkartoffeln

Spargel einmal ganz anders: Hier wird er von einer aromatischen, buttrigen Weinsauce umschmeichelt. Dazu harmonieren die mit Thymian gewürzten Pilze und Süßkartoffeln.

⌛ 45 Min. · **Pro Portion:** 700 kcal, 12 g E, 37 g F, 46 g Kh, 10 g B

Für 4 Portionen	Vorbereitung
500 ml Rotwein	
250 ml Portwein	
1 kg Spargel	schälen und schräg in fingerdicke Stücke schneiden
2 große Süßkartoffeln (rund 600 g)	schälen und wie dicke Zündhölzer in Streifen schneiden
600 g kleine Kräuterseitlinge (oder braune Champignons)	säubern (trocken abbürsten), der Länge nach halbieren
1 kleines Bund Thymian	Blättchen abzupfen, hacken
Außerdem: Salz, Honig, Olivenöl, Butter	

Zubereitung

Den Rotwein mit dem Portwein in einem Topf auf 100 ml etwa 30 Min. einkochen (reduzieren). Mit Salz, nach Belieben auch Honig, abschmecken.

Spargelstücke mit 2 EL Olivenöl unter gelegentlichem Rühren ungefähr 6 Min. in einer Pfanne braten.

In einer zweiten großen Pfanne die Süßkartoffelstreifen in 4 EL Olivenöl anbraten, die Pilze dazugeben. Nach einigen Minuten salzen, Thymianblättchen zufügen. Hitze reduzieren, Deckel auflegen, 2 Min. ziehen lassen.

Die Portweinreduktion kurz erhitzen, 80 g kalte Butter einrühren und über den Spargel heben. Mit Süßkartoffeln und Pilzen auf einer Platte servieren.

Info: Die Rotweinreduktion kocht am Anfang nur langsam ein. Je weniger Flüssigkeit vorhanden ist, desto schneller geht es. Rechnen Sie etwa eine halbe Stunde.

Dazu passt: Cremige Polenta (S. 27).

Spargelgratin mit Wein und Sahne

Hier garen Spargel & Co. in Wein, Sahne und im eigenen Saft. So verbinden sich die Aromen auf ganz spezielle Weise. Kräuter toppen den intensiven Geschmack.
⊠ 1 Std. 15 Min. · **Pro Portion:** 585 kcal, 13 g E, 40 g F, 39 g Kh, 8 g B

Für 4 Portionen	Vorbereitung
500 g Sahne	
800 g Kartoffeln	schälen und mit einem Spargelschäler in dünne Streifen schneiden
1,2–1,5 kg Spargel grün und weiß gemischt	weißen Spargel ganz, grünen in der unteren Hälfte schälen, längs halbieren und in 10 cm lange Streifen schneiden
1 Bund Frühlingszwiebeln	in 10 cm lange Streifen schneiden
1 Bund junge Möhren (etwa 300 g)	schälen, längs halbieren, ebenfalls in 10 cm lange Streifen schneiden
100 ml Weißwein	
1 Bund frische Kräuter (z.B. Thymian, Basilikum, Kerbel)	Blättchen abstreifen, fein hacken
Außerdem: Salz	

Zubereitung

250 ml Wasser und 250 g Sahne in einen Bräter oder einen flachen großen Topf gießen, salzen.

Kartoffeln und Gemüse lagenweise einschichten, salzen nach Geschmack. Das Gericht verträgt insgesamt ordentlich Salz. Wein und die restliche Sahne darübergießen. Zum Kochen bringen, die Hitze reduzieren und den Topf zudecken. Auf kleiner Flamme etwa 30 Min. mehr ziehen als kochen lassen.

Die fein gehackten Kräuter darüberstreuen und noch einmal 5–10 Min. ziehen lassen.

> **Tipp:** Hier wird nicht umgerührt. Die Flüssigkeit sollte trotz des geschlossenen Deckels weitgehend verdampfen, der Auflauf stichfest werden. Eventuell den Deckel zwischendurch kurz anheben. Das Gericht schmeckt aber auch etwas flüssiger – oder auch kalt.

Kochen mit Wein

Gönnen Sie Ihren Töpfen auch mal einen guten Tropfen, nehmen Sie zum Kochen nicht irgendwelche billigen Restbestände. Ein Gericht wird nur so gut wie seine Bestandteile. Und was gibt es Schöneres als guten Wein im und zum Essen?

Pasta mit grünem Spargel und getrockneten Tomaten

Knackige Spargelstücke kombiniert mit Tomaten, Basilikum und Pasta – das bringt schon im Frühling die Sonne Italiens auf den Teller. Und es geht ganz schnell, denn in einer knappen halben Stunde steht das Gericht auf dem Tisch.

⊠ 30 Min. · **Pro Portion:** 580 kcal, 20 g E, 11 g F, 101 g Kh, 8 g B

Für 4 Portionen	Vorbereitung
500 g lange Pasta	
1 kg grüner Spargel	in der unteren Hälfte schälen, dabei Enden um etwa 4 cm kappen. Stangen in 3 cm lange schräge Stücke schneiden.
100 g getrocknete Tomaten	in Streifen schneiden
1 Bund Basilikum	Blätter in Streifen schneiden
Außerdem: Salz, Olivenöl	

Zubereitung

Pasta in reichlich Salzwasser bissfest garen, abgießen und mit 1 EL Öl vermischt zur Seite stellen.

2 EL Olivenöl in einer Pfanne erhitzen, die Spargelstücke darin etwa 3 Min. braten. Salzen und mit 50 ml Wasser sowie den getrockneten Tomatenstreifen weitere 10 Min. zugedeckt gar ziehen lassen.

Pasta und Basilikum unter den Spargel mischen und auf tiefen Tellern anrichten.

> **Tipp:** Grüner Spargel muss selten ganz geschält werden. Bei einwandfreier Ware reicht es, die untere Hälfte oder nur ein Drittel von der Schale zu befreien. Im Zweifel aber lieber etwas großzügiger schälen.

Sonne aus dem Glas

Pomodori secchi – getrocknete Tomaten – geben ein wunderbares Aroma. Das erwerben sie beim Trocknen unter der Sonne. Vorher werden sie gewöhnlich halbiert und mit Salz bestreut. Wenn sie sehr trocken sind, müssen sie zunächst in etwas Flüssigkeit wie Wasser, Wein oder Saft quellen. Es gibt sie auch in Öl eingelegt. Dann sind sie weicher und lassen sich sofort weiterverarbeiten.

Nudeln mit Tomatensugo

Für Tomatensauce gibt es über tausend Rezepte. Wir servieren den Klassiker mit Soja statt Hack. Kochen Sie den Sugo am besten gleich auf Vorrat. Er passt nicht nur zu Nudeln, sondern auch zu gebratenem Gemüse.

⊠ 30 Min. · **Pro Portion:** 825 kcal, 35 g E, 14 g F, 115 g Kh, 8 g B

Für 4 Portionen	Vorbereitung
1 kleine Zwiebel	schälen, in kleine Würfel schneiden
2 Knoblauchzehen	schälen, fein hacken
1 kleine Möhre	schälen, in kleine Würfel schneiden
1 Stange Staudensellerie	in kleine Würfel schneiden
125 g Sojagranulat	
400 g Dosentomaten	grob zerdrücken
1 EL Tomatenmark (25 g)	
500 g Nudeln nach Wahl	

Außerdem: Olivenöl, 1 Lorbeerblatt, getrocknete Kräuter wie Oregano, Basilikum, Thymian, Honig, Salz, Parmesan oder alter Gouda

Zubereitung

2 EL Olivenöl erhitzen, Zwiebeln, Knoblauch und Gemüsewürfel darin anbraten. 250 ml Wasser dazugeben, dann das Sojagranulat, 1 Lorbeerblatt und je eine Messerspitze der getrockneten Kräuter.

Alles 5 Min. kochen lassen, Tomaten zugeben, mit Salz, Tomatenmark und 1 TL Honig abschmecken und 10 Min. bei kleiner Hitze weiterköcheln lassen, damit sich die Aromen verbinden. Nach Geschmack mit 1–2 EL Olivenöl abrunden.

Nudeln in reichlich Salzwasser kochen, abgießen, mit der Sauce und geriebenem Käse wie Parmesan oder altem Gouda servieren.

> **Tipp:** Das Rezept ergibt rund 800 g Sauce. Kochen Sie gleich doppelt so viel. Sie hält sich gut verschlossen einige Tage im Kühlschrank.

Praktisches Soja

Sojagranulat – das mag kulinarisch nicht gerade anregend klingen, praktisch ist es aber allemal: mit rund 50 Prozent Eiweiß ein beliebter Fleischersatz, der gut gewürzt wie Hack schmeckt, außerdem nicht teuer ist und lange zu lagern. Das helle Granulat wird aus Sojabohnen hergestellt, meist gemahlen und gepresst.

Pasta mit Kohlrabi und Erbsen

Kohlrabi zu Pasta – das ist eine ungewöhnliche Kombination. Ideal dazu: die leicht süßen Erbsen mit Sahne und Kräutern. So schmeckt Gemüse auch Kindern.

⧖ 45 Min. · **Pro Portion:** 870 kcal, 26 g E, 30 g F, 115 g Kh, 11 g B

Für 4 Portionen	Vorbereitung
500 g kurze Pasta	
250 g frische Erbsen (oder gefrorene)	aus 1 kg frischen Schoten palen
2–3 Kohlrabiknollen (etwa 1 kg)	schälen, die Hälfte davon grob raspeln, die andere Hälfte klein würfeln
1 große Zwiebel (oder 1 Bund Frühlingszwiebeln)	schälen, fein schneiden oder hacken
2 Knoblauchzehen	schälen und fein würfeln
100 ml Weißwein	
250 g Sahne	
Basilikum (oder Kräuter wie Dill und Thymian)	Blätter fein schneiden oder fein hacken
Außerdem: Salz, Rapsöl, Butter	

Zubereitung

Pasta al dente kochen. Kochwasser abgießen, Nudeln mit 1 EL Öl mischen.

Frische Erbsen 1–2 Min. in heißem Salzwasser blanchieren und kalt abschrecken. Kohlrabiwürfel etwa 10 Min. weich kochen, beiseitestellen.

Zwiebeln und Knoblauch in 2 EL Butter leicht anbraten. Mit Weißwein, Sahne und 250 ml Wasser aufgießen, geraspelten Kohlrabi dazugeben und etwa 8 Min. weich kochen, alles pürieren und salzen. Erbsen, Kohlrabiwürfel und Kräuter hinzufügen. Zum Servieren die Pasta in die Gemüsesauce geben und kurz erhitzen.

Kohlrabi

Was viele nicht wissen: Kohlrabi enthalten mehr Vitamin C als Orangen. Voller wichtiger Nährstoffe stecken auch die Blätter. Besonders zarte Blätter am besten in feine Streifen schneiden und zum Gemüse geben. Das macht sich auch optisch gut.

Tipp 1: Mit Pasta, Kohlrabi und Erbsen harmonieren viele Kräuter. Experimente lohnen.

Tipp 2: Wenn Kinder mitessen, den Wein durch Gemüsebrühe und etwas Zitronensaft ersetzen.

Spätzle in Zitronenkraut

In Österreich liebt man Krautfleckerl. Wir servieren eine moderne Variante mit zitronigem Spitzkohl, dem gehackter Kümmel und Majoran Extrawürze verleihen.

⊠ 25 Min. · **Pro Portion:** 595 kcal, 20 g E, 9 g F, 100 g Kh, 9 g B

Für 4 Portionen	Vorbereitung
500 g Spätzle	
1 Gemüsezwiebel (oder 1 Bund Frühlingszwiebeln)	Gemüsezwiebel würfeln oder Frühlingszwiebeln in Ringe schneiden
1 Spitzkohl (etwa 500 g)	Blätter auslösen, Stiele herausschneiden, den Rest in Streifen oder briefmarkengroße Stücke schneiden
1/2 EL Kümmel	hacken
1 kleines Bund Majoran	Blätter abzupfen und hacken

Außerdem: Salz, Rapsöl, Zitronensaft, Honig oder Ahornsirup

Zubereitung

Spätzle in Salzwasser nach Anweisung bissfest kochen, abgießen und mit 1 EL Rapsöl mischen, damit die Nudeln nicht zusammenkleben.

Zwiebelstücke in einer großen Pfanne mit 1 EL Öl anschwitzen, Spitzkohl dazugeben, etwa 5 Min. braten und mit 5 EL Wasser ablöschen. Mit Kümmel abschmecken, salzen. Bei geschlossenem Deckel bissfest dünsten. Mit Majoran, 1–2 EL Zitronensaft und 1 EL Honig oder Ahornsirup abschmecken.

Die Spätzle mit zwei Gabeln auflockern und unter den Spitzkohl mischen, sofort servieren.

Tipp: Frisch gehackt geben Kümmelkörner am meisten Aroma ab. Sie springen beim Hacken aber leicht weg. Das verhindern Sie so: 2 EL Wasser auf das Schneidbrett geben, dann den Kümmel, etwas warten und dann erst hacken.

Dazu passt:
Grüner Salat mit Rapsöldressing (S. 22).

Spitzenklasse

Spitzkohl ist von allen Kohlarten der zarteste. Beim Kauf sollten seine Blätter grün, knackig, frisch und ohne dunkle Flecken sein. Gelbe Blätter deuten auf ziemlich lange Lagerung. Die schadet dem Aroma und empfindlichen Nährstoffen wie dem reichlich enthaltenen Vitamin C. Im Kühlschrank hält sich der Kohl in ein feuchtes Tuch eingewickelt mehrere Tage. Dafür am besten die gelben Blätter entfernen und ihn von reifen Früchten fernhalten.

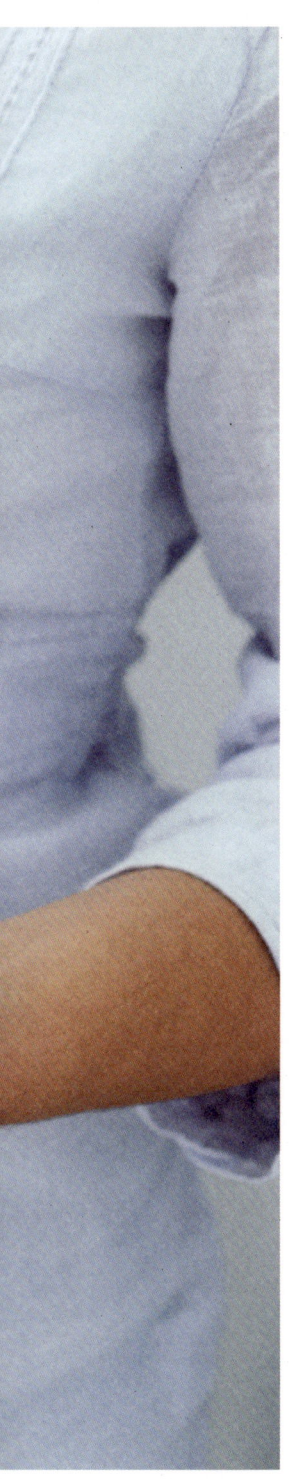

Quinoasalat

Magische Kräfte schrieben die Inkas der Quinoa zu. Gesund ist sie auf jeden Fall. Ihre weichen Körner bringen mit knackigem Salat Abwechslung auf den Teller. Aus dem Vorrat ist das ganz schnell zubereitet.

⧖ 5 Min. · **Pro Portion:** 225 kcal, 7 g Ei, 13 g F, 20 g Kh, 1 g B

Für 4 Portionen	Vorbereitung
400 g gemischter Salat	
8 EL Tofudressing	siehe Rezept S. 22 oder Tipp
300 g gekochte Quinoa	oder 120 g Quinoa kochen siehe Rezept S. 21

Zubereitung

Die Salatblätter in einer großen Schüssel mit dem Dressing mischen.

Den Salat auf eine große Platte geben, die Quinoa darüberstreuen und servieren.

Tipp: Kein Tofudressing auf Vorrat? So geht's ganz einfach: Je 2 EL Wasser und Zitronensaft mit 1/2 TL Dijonsenf, Salz und Ahornsirup mischen. Dann 50 g Seidentofu einarbeiten (Mixstab), 40 ml Rapsöl dazugeben.

Dazu passt: Frisch getoastetes Brot, knusprig gebratene Tofuwürfel.

Quinoa

Was wir als Inka-Getreide kennen, ist botanisch ein Fuchsschwanzgewächs. Aber eines mit Tradition, die Inkas in Südamerika schrieben ihm bereits magische Kräfte zu. Mag sein, dass das an der außerordentlich günstigen Zusammensetzung der Nährstoffe liegt. Denn in den Körnern, die auch im kargen Hochland von Peru noch wachsen, steckt mehr Wertvolles als im Getreide. Dazu gehören hochwertiges Eiweiß, viele ungesättigte Fettsäuren und wertvolle Mineralstoffe wie Eisen, Kalzium und Magnesium. Dazu kommt: Auch die Blätter lassen sich – ähnlich wie Spinat – in der Küche verarbeiten.

Gerstenrisotto tibetisch inspiriert

In Tibet, auf dem Dach der Welt, wächst als Getreide nur Gerste. Dieses Gersten-risotto besticht durch fernöstliche Aromen und schnelle Zubereitung, wenn Sie die Gerste auf Vorrat gekocht haben.

⌛ 20 Min. · **Pro Portion:** 490 kcal, 15 g E, 23 g F, 55 g Kh, 8 g B

Für 4 Portionen	Vorbereitung
400 g braune Champignons (besser noch Shiitake)	putzen, je nach Größe vierteln oder halbieren
2 Knoblauchzehen	schälen, fein schneiden
100 g Ingwer	schälen, raspeln, ausdrücken, den Saft auffangen
750 g gekochte Gerste	oder 250 g Gerstengraupen kochen siehe Rezept S. 20
1 rote Paprikaschote	der Länge nach in sehr dünne Streifen schneiden
200 g Sojasprossen	abspülen
150 g Zuckerschoten	der Länge nach in sehr dünne Streifen schneiden

Außerdem: Helles und dunkles Sesamöl, Sojasauce, Honig, Reisessig, eventuell 1–2 Chilischoten

Zubereitung

Pilze und Knoblauch in 4 EL hellem Sesamöl anbraten. Mit dem Ingwersaft, 4 EL Sojasauce, je 1 TL Honig und Reisessig kurz aufkochen. Die ge-kochten Gerstenkörner zu den Pilzen in den Sud geben, erhitzen und noch mal abschmecken.

Paprikastreifen mit den Sojasprossen und Streifen aus Zuckerschoten in 2 EL hellem Sesamöl bissfest braten, salzen und mit 1 TL dunklem Sesamöl ab-schmecken. Wer es scharf mag, schneidet 1–2 Chili-schoten in Streifen und brät sie mit der Paprika an. Die Gemüsestreifen zusammen mit dem Gersten-risotto servieren.

> **Tipp 1:** Gerste ist fertig gegart ähnlich wie Reis, hat aber einen Vorteil: Die Körner sind bissfest und weich – jedoch praktisch nie zu weich.
>
> **Tipp 2:** Statt Reisessig können Sie auch nor-malen Essig oder Zitro-nensaft nehmen.

Vom Dach der Welt

Wo sonst wenig wächst, ist Gerste oft noch dabei. Beispielsweise auf den Höhen Tibets, wo der Anbau von Weizen aus klimatischen Gründen und wegen der kargen Böden kaum möglich ist. Grundnahrungsmittel der Tibeter ist noch heute Tsampa aus gerösteter und gemahlener Gerste, süß oder eher pikant zubereitet, oft mit Joghurt, meist aber mit Buttertee, der im Geschmack Fleischbrühe ähnelt.

Florentiner Zucchini mit knuspriger Polenta

Die toskanische Küche ist bodenständig und beschränkt sich auf das Wesentliche. Mit nur wenigen Zutaten entstehen unglaublich wohlschmeckende Gerichte.

⊠ 35 Min. · **Pro Portion:** 735 kcal, 34 g E, 42 g F, 59 g Kh, 8 g B

Für 4 Portionen	Vorbereitung
400 g frischer Spinat (oder 200 g gefrorener)	frischen Spinat putzen oder gefrorenen auftauen und gut ausdrücken
500 g Zucchini	die Kappen entfernen und in 2 cm x 2 cm große Würfel schneiden
1 kleines Bund Thymian	4 Zweige zur Dekoration aufbewahren, vom Rest die Blätter abzupfen und hacken
400 g Tomatensugo	Rezept siehe S. 55
800 g Polentaschnitte	Rezept S. 27, in 1 cm dicke Scheiben schneiden
Außerdem: Olivenöl, Salz, Butter	

Zubereitung

Spinat kochen, abgießen, kalt abspülen, ausdrücken und leicht hacken.

Zucchiniwürfel in 6 EL Olivenöl von allen Seiten anbraten. Sobald die Zucchini von allen Seiten gebräunt sind, den Thymian, Sugo und Spinat dazugeben. Salzen, aufkochen lassen und abschmecken.

Die Polentascheiben in 4 EL Butter anbraten, die Scheiben diagonal in Dreiecke schneiden und zusammen mit den Zucchini anrichten.

> **Tipp:** Klumpen in der Sauce vermeiden Sie so: Den Spinat nach dem Schneiden noch mit der Hand zerkrümeln, bevor Sie ihn zur Sauce geben. So lässt er sich besser verteilen.

Sattmacher mit Tradition

Einst galt Polenta als Essen für arme Leute. Heute hat der Maisbrei auch in Spitzenrestaurants seinen Platz. Und er ist viel einfacher zuzubereiten als früher, denn er ist bereits vorgegart, wenn man ihn kauft. Statt ihn eine Stunde und mehr zu rühren, lässt man den Maisgrieß in heißem Wasser je nach Sorte 5–15 Min. köcheln. Schnittfest ist er erst einen Tag später.

Apfel-Amaranth-Creme

Eine Apfelcreme mit einer Basis aus nussigem Amaranth, gesüßt mit Mango und getoppt von Kokosmilch – das ist eine überraschende Kombination, die als leichtes und erfrischendes Dessert überzeugt oder als fruchtiger Snack zwischendurch. Mit vorgekochtem Amaranth und Apfelmus aus dem Vorrat geht es besonders fix.

⧗ 10 Min. · **Pro Portion:** 315 kcal, 5 g E, 19 g F, 32 g Kh, 3 g B

Für 4 Portionen	Vorbereitung
200 g gekochter Amaranth	oder 75 g Amaranth kochen, siehe Rezept S. 20
200 g Apfelmus	siehe Rezept S. 24
2 EL Mangopulpe	
440 ml Kokosmilch	
Außerdem: Honig oder Ahornsirup, eventuell Kokosflocken	

Zubereitung

Den ausgekühlten Amaranth mit dem Apfelmus und Mangopulpe verrühren, eventuell mit Honig oder Ahornsirup nachsüßen.

Die Kokosmilch mit 2–3 EL Honig oder mit Ahornsirup süßen.

Die Apfelcreme in Gläser füllen und mit der gesüßten Kokosmilch bedecken.

Tipp 1: Gut machen sich Kokosflocken als Garnitur. Dazu 3 EL Flocken ohne Öl kurz in einer beschichteten Pfanne knusprig rösten und über das Dessert streuen.

Tipp 2: Sie können anstelle von Kokosmilch auch etwas flüssige Sahne nehmen.

Mango zum Süßen

Sie mögen weder Zucker noch Honig zum Süßen? Mangopulpe beziehungsweise -dicksaft ist eine Alternative, die außer dem natürlichen Fruchtzucker auch noch ihr eigenes Aroma mitbringt. Im Asialaden bekommen Sie Mangopulpe, also die tropische Frucht fertig püriert. Allerdings auch gleich extra gesüßt. Wer das nicht will, kann im Reformhaus oder Naturkostladen suchen.

Haferrisotto mit Erdbeeren

Sie müssen nicht auf den Sommer warten, um dieses fruchtig-rote Haferrisotto mit Beeren zu genießen. Umgeben von eiskalter Kokosmilch und garniert mit kühler Minze, schmeckt es an heißen Tagen allerdings besonders gut.

⌛ 15 Min. · **Pro Portion:** 300 kcal, 6 g E, 18 g F, 30 g Kh, 4 g B

Für 4 Portionen	Vorbereitung
400 g Erdbeeren (frisch oder gefroren)	frische Beeren waschen, den Stiel entfernen, gefrorene Früchte auftauen lassen
400 g gekochte Haferkerne	oder 150 g Hafer kochen (am besten am Vortag) Rezept siehe S. 21
440 ml Kokosmilch	

Außerdem: Honig, Minze, frische Früchte, eventuell geröstete Mandelsplitter

Zubereitung

Von frischen Erdbeeren einige zum Garnieren beiseitelegen. Die restlichen Erdbeeren pürieren und mit 1–2 EL Honig abschmecken. Die gegarten Haferkerne unter das Fruchtpüree rühren.

Die Kokosmilch glatt rühren und nach Geschmack mit etwas Honig süßen. Das Erdbeer-Haferrisotto auf Tellern anrichten, die kalte Kokosmilch darum verteilen. Mit Früchten wie Himbeeren oder Blaubeeren und Minzeblättchen garnieren.

Einen besonderen Biss erhält das Risotto, wenn Sie geröstete Mandelsplitter darübergeben.

Tipp 1: Besonders gut schmeckt das Dessert, wenn die Kokosmilch gut gekühlt wurde, also sehr kalt bis eiskalt ist.

Tipp 2: Himbeeren und Erdbeeren sind sehr empfindlich. Einmal tiefgefroren und wieder aufgetaut, schmecken sie zwar gut, ihre Struktur hat aber deutlich gelitten. Aufgetaute Blaubeeren machen sich da optisch besser.

Leckerbissen aus dem Umland

Tiefrot und fest sind viele Erdbeeren, aber nicht selten auch enttäuschend fade, vor allem die „Weltenbummler", die von weither kommen. Züchtung machte aus den Sensibelchen robuste Sorten – zulasten der rund 360 Aromen, die für blumig-fruchtigen Geschmack sorgen. Saisongerecht und aus regionalem Anbau sind die vitaminreichen Beeren meist viel aromatischer. Kaufen Sie sie schön rot, sie reifen nicht nach.

Sommer

Wenn die Sonne scheint, werden Tomaten rot und prall,
Radieschen scharf und knackig. Jetzt macht ein Gang über den
Markt ganz besonderen Spaß. Dort gibt es alles frisch vom Feld.

Paprika-Kokos-Suppe

Mit der schon vorbereiteten Paprikaessenz und nur wenigen weiteren Zutaten können Sie im Handumdrehen aromatische Suppen komponieren. Hier eine asiatisch geprägte Zubereitung mit Kokosmilch, Ingwer und Räuchertofu.

⧖ 30 Min. · **Pro Portion:** 545 kcal, 17 g E, 33 g F, 36 Kh, 11 g B

Für 4 Portionen	Vorbereitung
4–5 Kartoffeln (etwa 300 g)	schälen, in kleinere Würfel schneiden
250 g grüne Bohnen	in Streifen schneiden (wie Schnippelbohnen)
500 ml Paprikaessenz	siehe Rezept S. 25
400 ml Kokosmilch	
80 g Ingwer	schälen, dünn hobeln oder fein raspeln
400 g gemischte Pilze	säubern, in Scheiben schneiden
400 g Räuchertofu	in kleine Würfel schneiden
einige Stiele Salbei (oder andere frische Kräuter)	Blättchen abzupfen
Außerdem: Salz, Olivenöl	

Zubereitung

Kartoffeln und Bohnen in 300 ml Salzwasser bissfest kochen. Das dauert je nach Sorte 10–15 Min. Dann Paprikaessenz, Kokosmilch und Ingwer dazugeben.

Pilze und Tofu nacheinander mit jeweils 2 EL Olivenöl knusprig braten. Pilze, Tofu und frische Kräuter über die leicht cremige Suppe streuen.

Tipp: Anders als Tofu natur bringt Räuchertofu eine spezifische herbe Note mit. In sehr kleinen Würfeln kross ausgebraten, würzt er so viele Gerichte auf besondere Art.

Exotischer Sahnegeschmack

Kokosmilch gibt eine dezent asiatische, samtige Note. Was viele nicht wissen: Es handelt sich nicht um die Flüssigkeit im Inneren einer Kokosnuss. Kokosmilch wird aus geriebenem Kokosfruchtfleisch gepresst und mit Wasser verdünnt. Falls Fett und Wasser sich trennen, reicht meist kräftiges Schütteln. Spätestens beim Erhitzen verbinden sich die Komponenten wieder. Oft verhindern Verdickungsmittel – siehe Zutatenliste – das Trennen. Kokosmilch gibt es abgepackt in ganz unterschiedlichen Mengen. In unserer Suppe können Sie die Kokosmilch auch durch Sahne ersetzen, sollten dann aber etwas weniger nehmen, denn Sahne enthält etwa doppelt so viel Fett wie Kokosmilch.

Tomatensuppe mit Mais

Was wäre eine Speisekarte ohne Tomatensuppe? Diese sommerlich-leichte Variante mit gelbem Mais und Kräutern schmeckt auch gekühlt.

⧗ 45 Min. · **Pro Portion:** 300 kcal, 6 g E, 12 g F, 37 g Kh, 7 g B

Für 4 Portionen	Vorbereitung
2–3 Maiskolben (oder 360 g Dosenmais)	
5 Knoblauchzehen	schälen und in dünne Streifen schneiden
1 Zwiebel	schälen und in kleine Würfel schneiden
1 Möhre	schälen und klein schneiden
1 Süßkartoffel (etwa 200 g, oder Kartoffeln)	schälen und klein schneiden
600 g Tomaten	vierteln, eventuell vorher häuten
1 Bund gemischte Kräuter (wie Salbei, Rosmarin und Basilikum)	Blätter abstreifen und hacken
Außerdem: Olivenöl, Salz, Honig	

Zubereitung

Maiskolben je nach Größe 10–15 Min. kochen. Erst nachher salzen, sonst werden die Körner hart. Die Körner von den Kolben schneiden.

Knoblauch, Zwiebeln, Möhren und Süßkartoffeln in 3 EL Olivenöl anbraten, 600 ml Wasser dazugeben. Tomaten und Kräuter hinzufügen, salzen. Das Gemüse 15 Min. bei sanfter Hitze kochen, die Maiskörner zur Suppe geben, alles mit 1 EL Honig abschmecken.

Tipp: Geben Sie geröstetes Brot in kleinen Stücken oder gebratene Polenta in Würfeln (S. 27) über die Suppe.

Mit und ohne Haut

Bei kleinen, sehr aromaintensiven Tomaten fallen die Schalen oft nicht auf. Anders manchmal bei größeren Exemplaren. Legen Sie solche Tomaten etwa 1 Min. in kochendes Wasser und schrecken Sie sie danach in kaltem Wasser ab. Dann lässt sich die Haut leicht mit einem Messer abziehen.

Bunter Glückssalat

Glücklich zu schätzen sind alle, die in den Genuss dieses Salats kommen. Den Mix aus bunten Blättern, Buchweizen, Tofu und Käse können Sie ganz fix zubereiten. Dabei helfen vorbereitete Zutaten, die sich gut im Kühlschrank halten.

⧖ 10 Min. · **Pro Portion:** 540 kcal, 25 g E, 39 g F, 24 g Kh, 2 g B

Für 4 Portionen	Vorbereitung
400 g gemischter Salat (oder 1 Salatkopf)	
4 Portionen Rapsöldressing (etwa 8 EL)	Rezept siehe S. 22 oder Tipp unten
250 g Räuchertofu	in kleine Würfel schneiden
300 g gekochter Buchweizen	oder 120 g Buchweizen kochen siehe Rezept S. 20
300 g Ziegenkäse	in grobe Stücke brechen
Außerdem: Rapsöl	

Zubereitung

Die Salatblätter in einer Schüssel vorsichtig mit dem Dressing vermischen.

Die Tofuwürfel in 4 EL Rapsöl anbraten, etwas abkühlen lassen.

Den Salat auf die Teller verteilen, den Buchweizen und die lauwarmen Tofuwürfel darüberstreuen. Zum Schluss den Ziegenkäse gleichmäßig auf die Salate verteilen.

> **Tipp:** Sie haben das Dressing nicht auf Vorrat? Mischen Sie 75 ml Rapsöl mit je 1 EL Essig und Wasser, 1/2 TL Salz und etwas Senf.

Wichtige Vitamine

Ob Kopf-, Eisberg-, Römer- oder Eichblattsalat – sie alle stammen vom wilden Lattich, und der galt schon im alten Ägypten als gesunder Magenfüller. Salat enthält zwar weniger Ballaststoffe und Vitamine, als mancher meint, aber die Vitamine, die er liefert, sind wichtige. Dazu enthält er viele sekundäre Pflanzenstoffe.

Toskanischer Brotsalat

Brotsalat – das klingt wie simple Resteverwertung. Es ist aber viel mehr. Das toskanische Traditionsrezept kombiniert die besten Zutaten Italiens. Würzen Sie kräftig.

⊠ 30 Min. + 1,5 Std. Marinieren · **Pro Portion:** 1190 kcal, 42 g E, 78 g F, 70 g Kh, 8 g B

Für 6 Portionen	Vorbereitung
2 Stangen helles Brot vom Vortag	in große Würfel schneiden
2 Knoblauchzehen	schälen und sehr fein würfeln oder raspeln
6 Zweige Thymian	Blättchen abzupfen, fein hacken
600 g Cocktailtomaten	halbieren
1 Salatgurke	schälen und halbieren, falls nötig (Feldgurken) Kerne herauskratzen, grobe Würfel schneiden
2 rote Zwiebeln	schälen, in dünne Ringe schneiden
500 g Büffelmozzarella	würfeln
1 Bund Basilikum	Blätter zum Garnieren abzupfen eventuell klein schneiden

Außerdem: Olivenöl, dunkler Balsamessig, Salz, grob gemahlener Pfeffer

Zubereitung

Backofen auf 200 °C vorheizen. Brot auf dem Backblech verteilen, 2 EL Olivenöl darüberträufeln. In etwa 10–12 Min. knusprig rösten. Dabei immer wieder nachschauen, eventuell wenden und Öl nachgeben. Herausnehmen und gut auskühlen lassen.

Knoblauch mit 6 EL Balsamessig, Salz, Thymianblättern und grobem Pfeffer mischen. Die Tomaten, Gurken und Zwiebeln in eine Schüssel geben, die Marinade mit 10 EL Olivenöl vermischen und darübergießen. Alles im Kühlschrank etwa 30 Min. durchziehen lassen.

Ein Drittel der Brotwürfel unter das Gemüse heben, alles eine weitere Stunde im Kühlschrank marinieren.

Mit dem Büffelmozzarella und den restlichen Brotstücken anrichten, mit Basilikum garnieren.

Tipp 1: Geeignet sind Baguette, Ciabatta und ähnliche Sorten. Das Brot soll trocken, aber nicht hart sein. Je besser die Qualität, desto besser der Salat.

Tipp 2: Gut geeignet sind Feldgurken. Es gibt sie nur im Sommer. Ihr Geschmack ist intensiver als der von normalen Salatgurken.

Tipp 3: Den Salat als Vorspeise oder Snack servieren? Halbieren Sie die Mengen.

Kartoffelsalat mit Kürbis-Quark-Dressing

Kartoffelsalat ist bei jedem Gartenfest der Klassiker. Unsere Variante ist frisch und leicht: Ein Kartoffel-Gurken-Salat mit Joghurt und Quark – ganz ohne Mayonnaise.
⏳ 40 Min. · **Pro Portion:** 340 kcal, 9 g E, 31 g F, 5 g Kh, 1 g B

Für 4 Portionen	Vorbereitung
700 g Kartoffeln (vorwiegend festkochend)	mit Schale kochen, kurz abkühlen lassen und pellen, solange die Kartoffeln warm sind
1 Salatgurke	schälen, der Länge nach halbieren, entkernen, in Scheiben und dann in dünne Streifen schneiden
250 g Quark	
4 EL Joghurt	
8 EL Kürbispüree (oder etwas Kurkuma)	siehe Rezept S. 33
Außerdem: Weißwein- oder Balsamessig, Salz, Rapsöl	

Tipp 1: Das Dressing sollte bereits fertig sein, wenn die Kartoffeln noch warm geschält werden. So ziehen sie am besten durch.

Tipp 2: Am besten passt ein neutral schmeckendes, helles Öl. Gehackte Kapern geben eine zusätzliche Geschmacksnuance.

Dazu passt: Gebratene Tofuwürstchen oder Shiitakepilze.

Zubereitung

Für das Dressing in einer großen Schüssel Quark mit Joghurt glatt rühren. 4 EL Essig sowie je 8 EL Kürbispüree und Öl dazugeben, salzen und gut durchmischen. Gurkenstreifen dazugeben. Anstelle von Kürbispüree können Sie mit 2 Messerspitzen Kurkuma würzen.

Die Kartoffeln noch warm in Scheiben schneiden, das Dressing darübergeben und alles vorsichtig mischen. Den Salat mindestens eine halbe Stunde ziehen lassen, dann erneut abschmecken.

Unterschätzte Kartoffel

Kartoffeln stecken voller wichtiger Nährstoffe, sättigen gut und sind recht kalorienarm – dick macht allenfalls die Sauce dazu. Es gibt zwar Hunderte von Sorten, im Laden aber nur wenige zu kaufen. Meist kauft man sie danach, wie sie sich kochen lassen: mehlig bis festkochend. Trotzdem können die Knollen beim Kochen zu weich werden und fast zerfallen. Dann ganz auskühlen lassen, so werden sie wieder fester und sind leichter zu verarbeiten. Auf den Punkt gekocht – also weder weich noch zu hart –, lassen sie sich gut mit dem Eierschneider zerteilen.

Fruchtiger Avocadosalat

Avocados kommen oft als Dip auf den Tisch. Hier werden sie sommerlich-fruchtig kombiniert mit Pfirsichen und Blattsalaten.

⌛ 15 Min. · **Pro Portion:** 845 kcal, 37 g E, 76 g F, 18 g Kh, 13 g B

Für 4 Portionen	Vorbereitung
300 g gekochte Quinoa (oder Wildreis)	oder 120 g kochen, siehe Rezept S. 21
4 EL Rapsöldressing	siehe Rezept S. 22
gemischter Salat (etwa 300 g)	
4 Pfirsiche	in Spalten schneiden
4 Avocados	schälen, in Spalten schneiden, mit Zitronensaft beträufeln
4 Eier	hart kochen, pellen und in Spalten schneiden
Außerdem: Öl, Salz, Pfeffer, Zitronensaft	

Zubereitung

Die Quinoa in 2 EL Öl 5–10 Min. knusprig braten, mit Salz und Pfeffer abschmecken.

Etwa 4 EL Rapsöldressing über den Blattsalat geben (alternativ etwa 2 EL Öl mit etwas Wasser, 1 TL Essig, Salz und Senf mischen).

Die Salatblätter auf Teller verteilen und die Pfirsich-, Avocado- und Eispalten darauf anrichten. Mit der gerösteten Quinoa über die Salatblätter gestreut servieren.

Tipp 1: Anstelle von Ei passt auch gebratener Räuchertofu.

Tipp 2: Das Fruchtfleisch der Avocado wird an der Luft schnell braun, es oxidiert. Einige Tropfen Zitronensaft verhindern das.

Grüne Pflanzenbutter

Die exotischen Steinfrüchte sind ganz schön fett. Bis auf rund 30 Prozent bringen es manche Sorten. Lassen Sie sich nicht davon abschrecken, denn mit ihren wertvollen ungesättigten Fettsäuren ist die Avocado ausgesprochen gesund, das Fett gut für den Cholesterinspiegel. Die zum Teil auch sehr dunkelschaligen Früchte gibt es praktisch das ganze Jahr über, meist aber nicht ganz ausgereift. Das holen sie zu Hause in der Küche nach, am besten eingeschlagen in Zeitungspapier.

Fein und bekömmlich

Austernpilze zählen neben Champignons und Shiitakepilzen zu den großen Drei unter den Kulturpilzen. Da sie in Mengen gezüchtet werden, gehören sie schon fast zum Standardangebot. Ein Plus ist ihr feiner Geschmack und ihr bekömmliches Innenleben. Denn sie liefern uns nicht nur leicht verdauliches Eiweiß, sondern ebenso fast alle wichtigen Aminosäuren, die der menschliche Körper selbst nicht herstellen kann.

Kopfsalat vom Grill

Als Hauptdarsteller in der Salatschüssel ist Kopfsalat bekannt. Eine völlig neue Rolle bekommt er mit Röstaromen aus der Pfanne und knusprigen Pilzen.
⧗ 35 Min. · **Pro Portion:** 370 kcal, 7 g E, 28 g F, 20 g Kh, 10 g B

Für 4 Portionen	Vorbereitung
500 g Austernpilze	putzen, große Stiele abschneiden
1 Bund Frühlingszwiebeln	schräg in Stücke schneiden
200 g junge Möhren	schälen und mit einem Sparschäler der Länge nach in dünne Streifen schneiden
100 ml Weißwein (fruchtig mit leichter Säure)	
einige Stiele Salbei	Blätter abzupfen
2 Köpfe Salat	von den äußeren welken Blättern befreien, vierteln
Außerdem: Dijonsenf, Honig, Salz, Olivenöl, Pfeffer	

Zubereitung

Für den Dip 5 EL Senf mit 3 EL Honig verrühren und salzen.

Die Austernpilze in 2 EL Olivenöl braun braten, bei einer kleineren Pfanne nacheinander in zwei Portionen, damit sie wirklich leicht knusprig werden.

Die Pilze herausnehmen, Frühlingszwiebeln und die Möhren in die Pfanne geben und ebenfalls kurz anbraten, mit dem Weißwein ablöschen. Mit Salbeiblättchen würzen. Wenn das Gemüse gar ist, die Pilze dazugeben, pfeffern und salzen.

Den Kopfsalat kurz in 1 EL Öl anbraten, salzen. Den Salat auf die Teller verteilen und das Gemüse daraufflegen. Den Senfdip extra dazu servieren.

Tipp: Besonders schön wirkt das Gericht mit kleinen Salatköpfen, dem sogenannten Baby Romana. Rechnen Sie pro Person einen Kopf und braten Sie ihn als Ganzes.

Dazu passt: Polentabeilagen (S. 27) oder auch Kartoffeln.

Geschmolzener Eisberg mit Radieschen und Möhrenkokos

Eisbergsalat gilt nicht als richtig spannend. Hier bringen ihn rosa Radieschen auf Trab, nachdem er zuvor in der Pfanne schmurgelte. Mit knusprigem Tofu und einer ingwerscharfen Sauce aus Möhrenkokos ist das nicht nur ein Augenschmaus.
⧗ 20 Min. · **Pro Portion:** 495 kcal, 17 g E, 48 g F, 22 g Kh, 6 g B

Für 4 Portionen	Vorbereitung
1 Bund Radieschen	jeweils vierteln
1 Eisbergsalat	waschen, trocken schleudern, in Stücke teilen
je 4 EL Kürbis- und Sonnenblumenkerne	in einer Pfanne ohne Fett rösten, auskühlen lassen1 Bund Basilikum Blättchen von den Stielen zupfen
400 g Tofu gekräutert	in Scheiben schneiden
300 ml Möhrenkokos	siehe Rezept S. 25
Außerdem: Olivenöl, Zitronensaft oder Apfelessig, Honig, Salz	

Zubereitung

Radieschen in 2 EL Olivenöl braten, mit 1 EL Zitronensaft oder Apfelessig sowie 1 EL Honig und Salz würzen, beiseitestellen.

Zerteilte Eisbergblätter in 2 EL Olivenöl braten, bis der Salat schmilzt, das heißt zusammenfällt, dabei aber noch knackig ist. Die geviertelten Radieschen dazugeben und alles mit Salz, Honig und Zitrone abschmecken. Mit reichlich Kernen bestreuen und mit Basilikum garnieren.

Tofuscheiben in 1–2 EL Olivenöl von beiden Seiten braun braten. Dazu Möhrenkokos warm oder kalt servieren.

> **Tipp:** Tofu muss nicht neutral schmecken. Es gibt ihn beispielsweise auch mit Kräutern, geräuchert, als Seidentofu. Sie können ihn aber auch selbst marinieren.

Rot, scharf und knackig

So lieben wir Radieschen! Und so sollen sie möglichst lange bleiben. Deshalb nach dem Kauf sofort das Grün entfernen. Am besten halten sie sich im Gemüsefach des Kühlschranks, möglichst in ein feuchtes Küchentuch gewickelt. Wie alle Rettiche verdanken auch Radieschen den gesunden Senfölen ihre Schärfe. Sie verliert sich mit dem Erhitzen beim Braten oder Dünsten.

Rosa Radieschen mit Buchweizen

Wie so viele Getreide war auch Buchweizen lange Zeit ein typisches Arme-Leute-Essen. Beliebt sind die russischen Blinis oder die französischen Galettes, eine Art Crêpe. Mittlerweile hat er sich auch einen Platz in der gehobenen Küche erobert. Wir servieren knusprige Körner mit rosa Radieschen und Joghurtsauce.

⊠ 25 Min. · **Pro Portion:** 470 kcal, 11 g E, 28 g F, 38 g Kh, 3 g B

Für 4 Portionen	Vorbereitung
2 Bund Radieschen	waschen, Blätter entfernen, je nach Größe halbieren oder vierteln
450 g gekochter Buchweizen	oder 180 g Buchweizen kochen, Rezept siehe S. 20
400 g Räuchertofu	in kleine Würfel schneiden
200 ml Joghurt (3,5 % Fett)	

Außerdem: Rapsöl, Zitronensaft, Honig, Salz, Kurkuma, Paprika, Cayennepfeffer, eventuell 1 Apfel

Zubereitung

Radieschen in 3 EL Rapsöl unter ständigem Rühren bissfest braten. 2 EL Zitronensaft, 1 EL Honig und Salz zugeben. Die Radieschen verfärben sich dabei zart rosa. Abschmecken, eventuell nachwürzen.

Den gekochten Buchweizen mit 4 EL Rapsöl in einer Pfanne knusprig rösten, den Räuchertofu ebenso. Buchweizen, Radieschen und Tofuwürfel in einem Glas schichten.

Joghurt mit je einer Messerspitze Salz, Kurkuma, Paprika und Cayennepfeffer vermischen, dann darüberträufeln. Sie können auch einen Apfel in den Joghurt raspeln.

Tipp 1: Diese Kombination eignet sich gut auch als Vorspeise. Dekorativ in kleinen Gläsern geschichtet, ist sie ideal für Partys und auf Buffets.

Tipp 2: Beim Rösten des gegarten Buchweizens so wenig wie möglich rühren. Nur so werden die Körner richtig knusprig und nicht einfach nur trocken.

Ein Korn mit Karriere

Zugegeben: Eigentlich ist der dunkle, nussige Buchweizen nur ein Gras. Seinen Namen verdankt er den Bucheckern, denen er ähnelt. Buchweizenmehl ist die Grundlage des österreichischen Heidensterz, einem Getreidebrei. Dabei wurde es trocken geröstet und mit Fett versetzt. Rezepte mit Buchweizenmehl gibt es reichlich. Hier werden zur Abwechslung mal Buchweizenkörner verwendet.

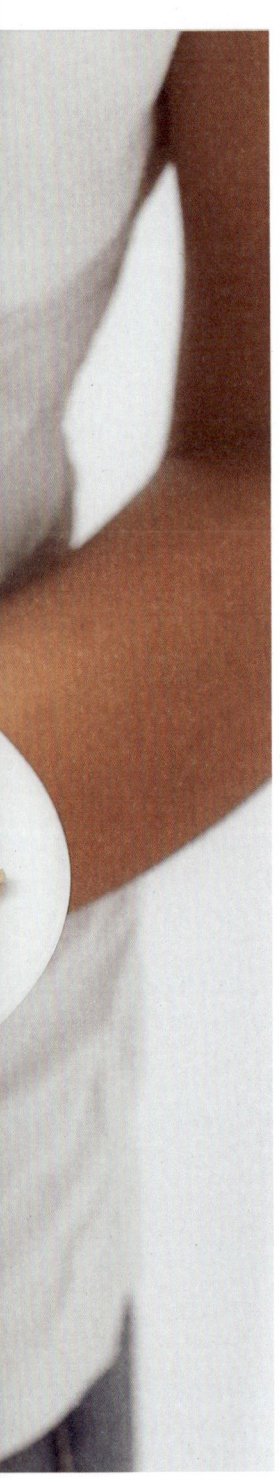

Auberginen mit Ziegenkäsecreme

Erfrischend anders! Zarte im Ofen gegarte Auberginen begleitet von einem cremigen Käsedip. Gönnen Sie beiden an heißen Tagen ein paar Stunden im Kühlschrank. Denn eiskalt serviert schmecken sie am besten.

⌛ 45 Min. · **Pro Portion:** 400 kcal, 18 g E, 30 g F, 13 g Kh, 9 g B

Für 4 Portionen	Vorbereitung
4 Auberginen (etwa 1 kg)	mit einer Gabel mehrere Male ringsum einstechen
200 g Ziegenkäse weiß und fest (oder Feta)	
300 g Ziegenjoghurt (oder Joghurt mit 3,5 % Fett)	
1 unbehandelte Zitrone	Schale in feine Streifen schneiden, Saft auspressen
einige Blättchen Basilikum	
Außerdem: Salz, Pfeffer, Oliven- oder helles Sesamöl	

Zubereitung

Ofen auf 200 °C vorheizen. Die Auberginen im Ganzen auf einem mit Backpapier ausgelegten Backblech etwa 40 Min. backen. Das Blech herausziehen, die Auberginen auskühlen lassen.

Ziegenkäse und Joghurt mit dem Stabmixer cremig rühren, eventuell salzen. Pro Person je eine halbierte Aubergine auf einen Teller legen. Das Fruchtfleisch der Länge nach einschneiden und leicht auseinanderdrücken. Kräftig salzen und pfeffern, mit Zitronensaft und je 1 EL Öl beträufeln.

Aubergine mit der Käsecreme anrichten, mit Basilikumblättern und Zitronenschale servieren.

Tipp: Auberginen kommen meist fettgetränkt auf den Tisch. Im Ganzen im Ofen gegart, serviert mit ein wenig Öl und Zitrone, sind sie viel leichter.

Dazu passt: Kichererbsensticks, (S. 28), Polenta (S. 27), knusprige Quinoa (S. 29) oder ein grüner Salat.

Mediterran und fernöstlich

Wir kennen Auberginen meist als ovale dunkelschalige Mittelmeerfrucht. In Asien präsentieren sie sich in unterschiedlichsten Formen und Farben, die aber beim Garen verschwinden. Roh sollte man die Früchte – botanisch übrigens Beeren – nicht verzehren. Aber egal ob gekocht, gebraten, gedünstet oder überbacken: Sie vertragen kräftige Würze fast jeder Art. Experimentieren Sie ruhig.

Auberginendip
mit Kichererbsensticks

Knusprige Sticks aus Kichererbsen und eine aromatische Salsa aus Auberginen mit Sesam – das ist Fingerfood vom Feinsten.

⊠ 60 Min. · **Pro Portion:** 450 kcal, 11 g E, 31 g F, 24 g Kh, 14 g B

Für 4 Portionen	Vorbereitung
4 EL Sesamsaat	
2–3 Auberginen (etwa 800 g)	mit einer Gabel mehrere Male ringsum einstechen
3 Knoblauchzehen	schälen und sehr fein hacken
1 Bund Petersilie (oder Borretsch)	sehr fein hacken
Kichererbsenmasse	am Vortag zubereiten, siehe Rezept S. 28

Außerdem: Zitronensaft, Olivenöl, Salz, Pfeffer, Fett zum Frittieren

Zubereitung

Backofen auf 200 °C vorheizen. Sesam ohne Öl in einer Pfanne hellbraun rösten, auskühlen lassen.

Auberginen im Ganzen auf einem geölten oder mit Backpapier ausgelegten Blech etwa 40 Min. backen. Auf dem Blech auskühlen lassen.

Auberginen halbieren. Das Fruchtfleisch mit einem Löffel auskratzen und mit Knoblauch, Petersilie, 1 EL Zitronensaft, 1–2 EL Olivenöl, Salz und Pfeffer mischen und pürieren. Mit Sesam bestreuen.

Die Masse für Kichererbsensticks aus der Form auf ein Brett stürzen und in fingerbreite Streifen schneiden. In einer Pfanne in heißem Fett schwimmend in 2 Portionen etwa 8 Min. ausbacken.
Sticks mit dem Dip servieren.

> **Tipp:** Gleich mehrere Auberginen im Ofen garen, aus einem Teil Auberginensalat machen oder ihn in die Pastasauce mischen (S. 94), aus dem Rest den Dip.
>
> **Dazu passt:**
> Tomatensalat

Kichererbsen

Ihr Name soll vom lateinischen cicer (= Erbse) stammen. Wenn man die eiweiß- und ballaststoffreichen bräunlichen Kugeln getrocknet kauft, müssen sie mehrere Stunden einweichen. Das erspart man sich mit gegarter Dosenware oder – wie in unserem Rezept – mit Kichererbsenmehl.

Auberginensandwich mit Linsen

Ein ganz besonderes sommerliches Sandwich: Statt Brot gibt es knusprige
Auberginenscheiben, als Belag gut gewürzte feinste Linsen mit Röstgemüse.
⊠ 40 Min. · **Pro Portion:** 300 kcal, 2 g E, 25 g F, 10 g Kh, 7 g B

Für 4 Portionen	Vorbereitung
175 g Norcialinsen	etwa 20 Min. kochen, abgießen
2–3 Auberginen (etwa 600 g)	die Hälfte längs in 1 cm dicke Scheiben, den Rest in sehr kleine Würfel schneiden
1 Möhre	schälen und in sehr kleine Würfel schneiden
2 Stiele Staudensellerie	sehr klein würfeln
1/2 Fenchelknolle	sehr klein würfeln
1 Zwiebel	schälen und in sehr kleine Würfel schneiden
2 Knoblauchzehen	schälen, sehr klein würfeln oder raspeln
3–4 Zweige Thymian	Blättchen abzupfen, hacken
5 mittlere Tomaten	kurz in kochendes Wasser legen, Haut abziehen, Kerne entfernen und würfeln

Außerdem: Olivenöl, Lorbeerblätter, Salz

Zubereitung

Linsen wie oben angegeben kochen. Gemüsewürfel
(ohne die Tomaten) in 4 EL Olivenöl anbraten. Mit
100–150 ml Wasser, 1–2 Lorbeerblättern und Thymian aufkochen. Gerade so viel gehackte Tomaten dazugeben, dass die Gemüsesalsa nicht zu flüssig wird.
Gekochte Linsen hineingeben, kurz erhitzen, salzen.

Die Auberginenscheiben portionsweise in einer
großen Pfanne in etwa 4 EL Öl sehr heiß knusprig
braten, auf Küchenpapier abtropfen lassen, zum
Servieren je 2 Scheiben mit dem Linsenragout füllen.

Tipp 1: Auberginen
erst längs in Scheiben
schneiden. Die aus der
Mitte zum Braten neh-
men, den Rest würfeln.

Tipp 2: Sie können
auch andere dunkle
kleine Linsen nehmen,
ebenso arabische Pita-
Brote statt Auberginen.

Dazu passt: Gegrillter
Scamorza oder Grill-
käse wie Halumi.

Italienische Birne

Scamorza ist ein italienischer halbfester Käse aus Mittel- und
Süditalien. Typisch ist seine Birnenform. Im Handel gibt es ihn
meist als Doppelpaket mit Schnur, und zwar in den
Varianten geräuchert und natur.

Pasta mit Auberginensalsa

Eine Sauce aus sonnengereiften Tomaten und samtigen Auberginen mit einer kräftigen Portion Knoblauch macht simple Nudeln zu einem perfekten Sommeressen, von dem Sie bestimmt nicht genug bekommen können. Kochen Sie diese köstliche Auberginensalsa am besten gleich auf Vorrat!

⧖ 50 Min. · **Pro Portion:** 860 kcal, 23 g E, 33 g F, 110 g Kh, 15 g B

Für 4 Portionen	Vorbereitung
2 Auberginen (etwa 600 g)	ringsum mit einer Gabel mehrere Male einstechen
500 g Tagliatelle	
1 Bund Frühlingszwiebeln	in Ringe schneiden
8 Knoblauchzehen	schälen und in Scheiben schneiden
6 EL passierte Tomaten	
400 g kleinere Tomaten	Stielansatz ausschneiden
Außerdem: Olivenöl, Salz, Pfeffer	

Zubereitung

Ofen auf 200 °C vorheizen.

Auberginen im Ganzen auf einem geölten oder mit Backpapier ausgelegten Blech etwa 40 Min. backen. Auskühlen lassen, halbieren und mit einem Löffel das Fruchtfleisch herauskratzen. Mit 2 EL Olivenöl und Salz pürieren.

Pasta in Salzwasser bissfest kochen.

Inzwischen Frühlingszwiebeln und Knoblauch in 4 EL Öl anbraten, passierte Tomaten dazugeben, salzen, pfeffern; dann die ganzen Tomaten mit der Schnittstelle nach unten in die Tomatensauce legen. Zugedeckt 5 Min. köcheln lassen. Wenn die Haut stört, mit einer Gabel abziehen. Die pürierten Auberginen in die Sauce rühren. Zusammen mit den Nudeln in einer Schüssel servieren.

Tipp: An heißen Tagen glänzt das Gericht als Nudelsalat. Dazu Pasta und Sauce ausgekühlt kurz vor dem Essen mischen. Salsa auf Vorrat hält sich im Kühlschrank einige Tage.

Dazu passt: Parmesan, frische Kräuter wie Basilikum und Thymian.

Zucchini mit Thymian und Balsamico

Das Mittelmeergemüse verträgt viel Würze. Hier machen Thymian und dunkler Balsamessig die grünen Zucchini zu einer leichten, geschmacksintensiven Beilage oder Vorspeise.

⧖ 15 Min. · **Pro Portion:** 105 kcal, 1 g E, 10 g F, 3 g Kh, 1 g B

Für 4 Portionen	Vorbereitung
500 g Zucchini	Enden abschneiden und in 1,5 cm x 1,5 cm große Würfel schneiden
3 Zweige Thymian	teils ganz lassen, teils Blättchen hacken
Außerdem: Olivenöl, dunkler Balsamessig, Salz	

Zubereitung

3 EL Olivenöl in einer großen Pfanne erhitzen und die Zucchiniwürfel darin etwa 10 Min. braten, bis sie angebräunt und knusprig sind.

Mit 1 EL Balsamessig, Salz und dem Thymian abschmecken.

> **Tipp:** Gemüse zum Braten sollte möglichst trocken in die Pfanne kommen. Also nach dem Waschen gut abtupfen, sonst spritzt zu viel Fett.

Plus für Kleine

Zucchini gibt es grün und gelb, rund und länglich. Sie gehören zur großen Familie der Kürbisse, angebaut werden sie vor allem rund ums Mittelmeer. Einige Vorteile: Kaum Abfall, äußerst vielseitig, gut geeignet zum Braten, Kochen und Überbacken. Püriert sind sie Basis für eine Suppe, ganz junge Früchte schmecken auch im oder als Salat. Am besten sind feste, kleine Zucchini mit intakter Schale. Sie halten sich im Gemüsefach des Kühlschranks problemlos einige Tage.

Rote Bete aus dem Ofen mit Beerenconfit und Feta

Die fruchtige Säure von Johannisbeeren ergänzt das Süß-Erdige der Roten Bete. Würziger Feta gibt milde Schärfe und optischen Kontrast.

⌛ 35 Min. · **Pro Portion:** 435 kcal, 15 g E , 31g F, 15 g Kh, 6 g B

Für 4 Portionen	Vorbereitung
1 kg Rote Bete	schälen, trocken tupfen, in Scheiben schneiden (etwa 1 cm dick). Dabei Gummihandschuhe verwenden, das Gemüse färbt stark ab.
1 große rote Zwiebel	schälen und in kleine Würfel schneiden
50 ml Portwein (oder Johannisbeernektar)	
250 g rote Johannisbeeren	von den Stielen ziehen
250 g Feta	mit den Fingern oder der Gabel zerkrümeln
Außerdem: Olivenöl, Butter, Salz	

Zubereitung

Ofen auf 200 °C vorheizen. Ein Backblech mit 2–3 EL Olivenöl auspinseln, die Rote-Bete-Scheiben darauf legen. Sobald die Temperatur erreicht ist, das Blech in den Ofen schieben. Nach etwa 20 Min. die Scheiben wenden und noch einmal 15 Min. backen.

Inzwischen die Zwiebelwürfel in 40 g Butter anbraten, mit Portwein oder Saft ablöschen. Die Beeren dazugeben, etwa 3 Min. köcheln lassen, salzen.

Zum Servieren das Confit wieder erhitzen, von der Herdplatte ziehen und zwei Drittel des Fetas einrühren. Den restlichen Feta über das Confit streuen und mit den frisch gebackenen Roten Beten servieren.

> **Tipp:** Das Johannisbeer-Zwiebel-Confit lässt sich ohne Feta auch gut auf Vorrat kochen und dann wie Chutney verwenden.
>
> **Dazu passt:** Gebratene Serviettenknödel (S. 35) oder Polenta (S. 27).

Johannisbeeren

Johannisbeeren haben es in sich. Vor allem viele sekundäre Pflanzenstoffe machen sie so wertvoll. Im Kühlschrank kann man sie mit Rispen etwa vier Tage aufbewahren. Für die Zubereitung die Beeren erst waschen, dann mit den Zinken einer Gabel von den Stielen streifen. Einfrieren lassen sich die Früchte am einfachsten, wenn man sie nach dem Abstreifen in einzelnen Schichten auf ein flaches Behältnis gibt. Gefrorene Beeren dann in Behälter oder Gefrierbeutel füllen.

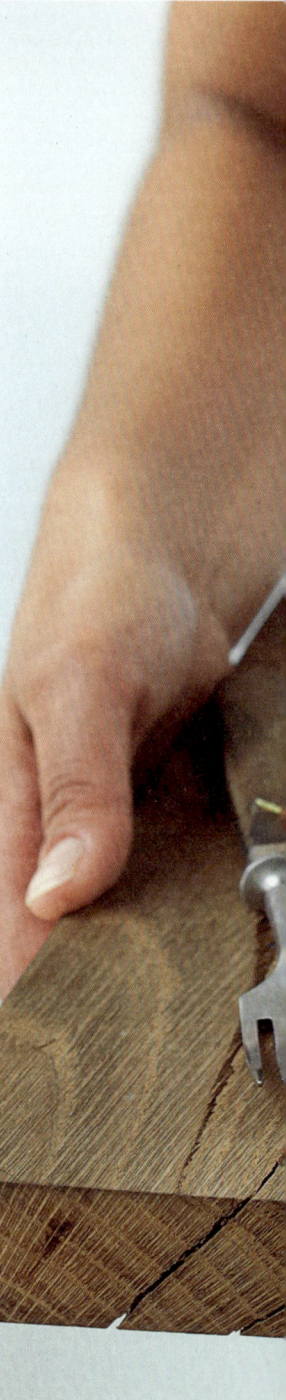

Erbspüree mit Apfel-Zwiebel-Tofu

Anklänge an die bodenständige Berliner Küche sind nicht zu übersehen. Das Erbspüree kommt aber frisch auf den Tisch, begleitet von gebräuntem Tofu mit Äpfeln und Zwiebeln. Ein schlichtes, praktisches Gericht aus ständig verfügbaren Zutaten.
⌛ 20 Min. · **Pro Portion:** 645 kcal, 18 g E, 42 g F, 31 g Kh, 10 g B

Für 4 Portionen	Vorbereitung
400 g Tiefkühlerbsen	
3–4 Zweige Majoran	Blättchen abzupfen, hacken
1–2 Gemüsezwiebeln (etwa 400 g)	schälen, halbieren und in dünne Streifen schneiden
2 Äpfel	schälen, das Gehäuse ausstechen, in Stifte beziehungsweise dünne Streifen schneiden
400 g weißer Tofu	in 8 Scheiben schneiden
Außerdem: Butter, Rapsöl	

Zubereitung

Erbsen etwa 5 Min. in 100 ml Wasser weich kochen, salzen, mit etwa 80 g Butter pürieren, gehackten Majoran dazugeben. Das Püree beiseitestellen.

Zwiebelstreifen in 2 EL Rapsöl etwa 3 Min. glasig braten, die geschnittenen Äpfel dazugeben und alles weitere 3 Min. rösten und beiseitestellen. Die Tofuscheiben in 4 EL Öl Pfanne braten.

Zum Servieren das Erbspüree in Nocken mit einem Löffel auf den Teller geben und die Zwiebel-Apfel-Mischung auf die Tofuscheiben legen.

Tipp: Wenn es im Sommer frische Erbsen gibt, kann es sich durchaus lohnen, sie aus der Schale zu palen. Für 400 g Erbsen braucht man etwa 1–1,4 kg Erbsenschoten.

Gehaltvolles hübsch verpackt

Wichtig für alle, die auf Fleisch verzichten: Hülsenfrüchte wie Erbsen bieten ersatzweise viel Eiweiß. Dazu kommen noch reichlich Kohlenhydrate und vor allem Ballaststoffe – sonst eher Mangelware. Und sie sind gut für die Linie, denn sie machen kalorienarm, schnell und lange satt.

Tomaten-Paprika-Topf mit Mango

Hier fangen Tomaten und Paprikaschoten den Geschmack des Sommers ein. Mango und orientalische Gewürze wie Koriander ergänzen das Gemüseragout mit einem Hauch Exotik.

⌛ 20 Min. · **Pro Portion:** 360 kcal, 10 g E, 16 g F, 40 g Kh, 10 g B

Für 4 Portionen	Vorbereitung
1 Zwiebel	schälen, klein hacken
2 Knoblauchzehen	schälen, klein hacken
4 Paprikaschoten (3 rote und 1 gelbe)	Deckel samt Stielen von den Paprikas schneiden und aufbewahren, die Kerne entfernen, Schoten in Stücke schneiden (Dreiecke)
1 Gurke	schälen, halbieren, Kerne auskratzen und aufbewahren, Gurke in kleinere Stücke schneiden
400 g Dosentomaten	mit dem Messer in der Dose grob zerkleinern
100 ml Mangopulpe	
400 g gekochte Quinoa	oder 160 g Quinoa kochen, siehe Rezept S. 21
Außerdem: Öl, Koriander und Fenchel gemahlen, Kreuzkümmel, Essig	

Zubereitung

Zwiebel und Knoblauch mit den Paprikakdeckel in 2 EL Rapsöl anbraten, Gurkenkerne dazugeben, mit den geschälten Tomaten samt Saft aufgießen. Paprikadeckel herausnehmen und beiseitestellen.

Mangopulpe, je 1 TL Koriander, Fenchel, Kreuzkümmel und 1 EL Apfel- oder Balsamessig zu den Tomaten geben, alles weich kochen, pürieren und salzen. Die Gurken- und Paprikastücke hineingeben, das Gemüse kurz aufkochen und abschmecken.

Zum Servieren mit gekochter Quinoa anrichten.

Tipp: Borretschblüten wie auf dem Foto eignen sich nicht nur als schöner Blickfang. Sie würzen das Gericht auch ganz speziell.

Dazu passt: Mit Bröseln panierter ausgebackener Brie, vorzugsweise aus Ziegenkäse.

Schmorgurke mit dicken Bohnen

Jung und knackig schmecken dicke Bohnen am besten. Hier werden sie mit Schmorgurken serviert. Paprika gibt dem Pfannengericht den Akzent.

⊠ 35 Min. · **Pro Portion:** 340 kcal, 15 g E, 21 g F, 8 g Kh, 11 g B

Für 4 Portionen	Vorbereitung
600–800 g dicke Bohnen	Bohnenschoten der Länge nach einritzen und Kerne herauslösen
1 Bund Frühlingszwiebeln (oder 1 kleine Lauchstange)	in 1 cm lange, schräge Stücke schneiden
1 Schmorgurke (etwa 800 g oder 2 Salatgurken)	schälen, halbieren, entkernen und in 1 cm dicke halbe Ringe schneiden
1 Bund Majoran	Blättchen abzupfen, hacken

Außerdem: Rapsöl, Paprika rosenscharf oder edelsüß, Salz, heller Balsamessig

Zubereitung

Bohnenkerne 5–7 Min. in kochendem Wasser garen, kalt abschrecken und abkühlen lassen. Die Kerne von der dünnen Haut befreien (siehe unten).

Die Frühlingszwiebeln und Gurkenscheiben in 6 EL Rapsöl anbraten. Mit 1–2 EL Paprikapulver bestäuben, salzen und einen Spritzer Essig sowie einen Schuss Wasser (etwa 50 ml) dazugeben.

Gurkengemüse aufkochen lassen, Bohnen und Majoran hinzufügen und bei reduzierter Hitze etwa 3–5 Min. gar ziehen lassen, bis sie bissfest sind.

Tipp: 1–2 EL Crème fraîche zusätzlich geben dem Gericht eine leicht säuerliche, cremige Frische.

Dazu passt: Kichererbsensticks (S. 28), Süßkartoffelbällchen (S. 145) oder Kartoffeln.

Harte Schale, zarter Kern

Acker- oder Saubohnen, Puff- oder Pferdebohnen – das sind nur einige Beispiele, wie die dicken Schoten je nach Region genannt werden. Gegessen werden nur die kräftig-aromatischen Bohnenkerne. Besonders zart sind sie, wenn sie von ihrer dünnen, hellen Haut befreit wurden. Dazu die Bohnenkerne nach dem Kochen abkühlen und direkt aus der Schale drücken. Wenn das nicht so einfach klappt: Die Haut vorher mit einem Messer einritzen.

Schmorgurke im Rote-Bete-Sud

Rötliches Gurkengemüse mit der sanften Schärfe von Ingwer, dazu gebratener Tofu mit einer Miso-Senf-Kombination – ein in jeder Beziehung leichtes Gericht.

⏳ 25 Min. · **Pro Portion:** 290 kcal, 13 g E, 19 g F, 20 g Kh, 3 g B

Für 4 Portionen	Vorbereitung
250 ml Rote-Bete-Saft	
200 ml Kokosmilch	
80 g Ingwer	schälen und in dünne, längere Streifen schneiden
2 große Schmorgurken (etwa 1,6 kg)	schälen, halbieren, entkernen und in 1 cm breite halbe Ringe schneiden
400 g weißer Tofu	in insgesamt 8 Scheiben schneiden
Außerdem: Miso, Dijonsenf, Rapsöl, eventuell Kokosflocken	

Zubereitung

Rote-Bete-Saft, Kokosmilch und Ingwerstreifen 5–6 Min. kochen lassen. Die Gurkenstücke in den Sud geben und ungefähr 5 Min. bissfest garen.

2 EL Misopaste mit 2 EL Senf glatt rühren.

Tofu in 3 EL Öl anbraten, mit dem Misosenf bestreichen und zusammen mit den geschmorten Gurkenringen auf einem Teller anrichten. Gut macht es sich auch, wenn Sie Kokosflocken in einer beschichteten Pfanne ohne Öl hellbraun rösten und dann über Tofu und Gurken streuen.

Tipp: Das Gericht schmeckt auch mit ganz normalen Salatgurken.

Dazu passt: Basmatireis (S. 32).

Zum Salat und zum Kochen

Schmorgurken sind deutlich dicker als Salatgurken und haben ein relativ festes, nicht ganz so wasserreiches Fruchtfleisch. Damit eignet es sich bestens zum Schmoren und Kochen. Diese eher rundlichen Gurken sind auch etwas würziger als ihre schlanken Salatschwestern, denen die Züchtung eine leichte Bitterkeit ausgetrieben hat. Bevor die Schmorgurke in den Topf wandert, die zähe Schale, Kerne und auch die recht bitteren Enden entfernen. Kosten Sie dabei das Fruchtfleisch. Lieber etwas zu viel als zu wenig wegschneiden.

Mediterranes Ragout mit Okra

Sie kennen Okra nicht? Ein Versuch lohnt. Dieser Mix aus Mittelmeergemüsen ist schnell fertig und weckt kulinarisch Erinnerungen an sonnige Urlaubsfreuden.

⌛ 25 Min. · **Pro Portion:** 260 kcal, 6 g Ei, 20 g F, 13 g Kh, 6 g B

Für 4 Portionen	Vorbereitung
500 g Okraschoten	Spitzen und Kappen entfernen, Schoten der Länge nach vierteln
2 Möhren	in etwa 7 cm lange Stücke schneiden, der Länge nach vierteln
1 Bund Frühlingszwiebeln	wie die Möhren schneiden und vierteln
große Aubergine (etwa 300 g)	1 cm breite und hohe Streifen schneiden, jeweils 7 cm lang
4 Knoblauchzehen	schälen und in Scheiben schneiden
600 g kleine Tomaten	Strunk entfernen
1/2 Bund frischer Thymian	mit kochfester Schnur zusammenbinden
Außerdem: Olivenöl, Salz	

Zubereitung

In einer hohen Pfanne oder einem Topf 6 EL Olivenöl erhitzen. Darin alle Zutaten – bis auf die Tomaten und den Thymian – etwa 5 Min. anbraten.

Dann das Gemüse salzen, die Tomaten mit dem Thymian dazugeben, zudecken und das Ragout aufkochen lassen. Den Deckel entfernen und unter gelegentlichem Rühren weitere 5–7 Min. je nach Geschmack und gewünschter Festigkeit kochen.

> **Dazu passt**: Eine klassische Begleitung sind Linsen, gut schmecken auch Salz- und Ofenkartoffeln oder Reis.

Grünes Fingerfood

Okraschoten – auch Ladyfingers genannt – sind typisch für die griechische und türkische Küche. Meist werden sie gekocht. Dabei geben die Schoten leicht eine schleimige Substanz ab. In diesem Rezept wird das von der Säure der Tomaten eingedämmt. Sonst hilft: Die Kappen entfernen, Okras 5 Min. in heißem Essigwasser ziehen lassen, dann abschrecken. Oder man wässert die ganzen Okras vor dem Kochen 1–2 Stunden in Wasser mit 1–2 EL Zitronensaft.

Chinesische Aubergine mit Okra und Ingwer

Für fernöstlich inspirierte Mahlzeiten braucht man nicht viele Zutaten. Hier werden Okra, Aubergine und Sojasprossen mit Sesamöl, Sojasauce und Ingwer gewürzt.

⧗ 25 Min. · **Pro Portion:** 725 kcal, 25 g E, 16 g F, 140 g Kh, 10 g B

Für 4 Portionen	Vorbereitung
400 g Okraschoten	Kappen entfernen und in fingerdicke Scheiben schneiden
400 g Auberginen	halbieren, Scheiben (etwa 2 cm) schneiden
150 g Frühlingszwiebeln (etwa 1 Bund)	in 4–5 cm lange schräge Stücke schneiden
100 g Ingwer	schälen und in sehr feine Blättchen schneiden
4 Knoblauchzehen	schälen und in dünne Scheiben schneiden
350 g Sojasprossen	abspülen

Außerdem: helles Sesamöl (oder Rapsöl), Sojasauce, Zitronensaft, Honig

Zubereitung

4 EL Sesamöl in einer großen Pfanne erhitzen. Okraschoten, Auberginen, Frühlingszwiebeln, Ingwer und Knoblauch unter ständigem Rühren 5 Min. anbraten.

8 EL Sojasauce sowie 4 EL Zitronensaft dazugeben und das Gemüse weitere 5 Min. auf kleiner Flamme unter Rühren braten.

Sojasprossen dazugeben und weitere 5 Min. braten, bis das Gemüse die gewünschte Konsistenz hat. Mit etwa 4 EL Honig und Salz abschmecken.

> **Tipp:** Sojasauce hebt den Eigengeschmack, macht besonders würzig – „umami", wie der neu entdeckte fünfte Geschmack heißt. Ob hell oder dunkel, ist reine Geschmacksache. Helle Sauce ist weniger intensiv, macht sich oft aber optisch besser.
>
> **Dazu passt:** Basmatireis (S. 32)

Sojasprossen

Was hierzulande als Sojasprossen verkauft wird sind gekeimte Mungobohnen. Sprossen sollten Sie gründlich abspülen und kurz in kochendes Wasser tauchen, wenn Sie sie roh verzehren. Denn sie können gelegentlich reichlich Keime mit sich bringen.

Knusperdinkel mit Obst und Nüssen

Dieser Hingucker überzeugt mit frischem Obst, kühlem Joghurt, geröstetem Dinkel und Nüssen. Gut vor allem als Dessert oder – statt Müsli – zum Frühstück.

⊠ 20 Min. · **Pro Portion:** 725 kcal, 18 g E, 21 g F, 115 g Kh, 10 g B

Für 4 Portionen	Vorbereitung
4 Walnusskerne	halbieren
300 g Himbeeren (frisch oder gefroren)	frische verlesen, gefrorene 2–3 Stunden vorher auftauen lassen
70 g gemischte Nüsse (z.B. Wal- und Haselnüsse)	mittelfein hacken
150 g gekochter Dinkelreis (oder Vollkornreis, Graupen)	oder 70 g Dinkelreis kochen, Rezept siehe S. 20
200 g Joghurt (3,5 % Fett)	
Außerdem: Zucker, Honig, Butter	

Zubereitung

Die Walnüsse auf einen flachen Teller legen. In einem Topf mit dickem Boden 4 EL Zucker so lange rühren, bis er bräunt und flüssig wird, also karamellisiert. Den flüssigen Zucker mit einem Löffel über die Walnusskerne träufeln und erkalten lassen. Vorsicht, flüssiger Zucker ist sehr heiß!

Die Hälfte der Beeren (eventuell mit 1–2 EL Wasser) aufkochen, mit 1–2 EL Honig abschmecken, den Rest der Beeren darunterrühren, vom Feuer ziehen.

Etwas Butter zergehen lassen, die gehackten Nüsse mit 2 EL Zucker darin rösten. Den Dinkelreis unterrühren und alles gut durchrösten. Mit Beeren und Joghurt servieren, dabei mit den karamellisierten Walnüssen dekorieren.

> **Tipp:** Für ein schnelles Frühstück können Dinkel, Obst und Nüsse schon am Abend vorbereitet werden. Am Morgen kommt nur noch der Joghurt dazu.

Gehaltvolles Urkorn

Dinkel zählt zu den ältesten Getreidearten. Er bietet mehr Mineralstoffe und Vitamine als Weizen und wird wegen seines nussigen Geschmacks geschätzt. Das Mehl eignet sich besonders gut zum Backen. Ein Teil des Dinkels wird schon vor der eigentlichen Reife – also grün – geerntet und kommt als Grünkern in die Läden.

Vanilletoast mit Beerenconfit

Amerikaner lieben ihren French Toast. Bei uns heißen in Eiermilch gebratene Scheiben Arme Ritter. Wir haben sie um Vanille und frisches Obst bereichert.

⧖ 35 Min. · **Pro Portion:** 560 kcal, 15 g E, 29 g F, 60 g Kh, 7 g B

Für 4 Portionen	**Vorbereitung**
je 100 g Himbeeren, Blau- und Johannisbeeren (frisch oder gefroren)	frische Beeren abstreifen und verlesen, gefrorene auftauen
je 125 ml Milch und Sahne	
3 Eier	
8 Scheiben Weißbrot (am besten vom Vortag)	
125 g Butter	
Außerdem: Puderzucker, Salz, Zucker, gemahlene Bourbonvanille, Honig	

Zubereitung

Ofen zum Warmhalten auf 100 °C vorheizen. Einige Beeren zur Dekoration beiseitelegen. Restliche Himbeeren mit 1 EL Puderzucker (eventuell mit 2–3 EL Wasser) 2–3 Min. köcheln lassen. Blau- und Johannisbeeren ohne Erhitzen unter das Confit heben.

Milch, Sahne, ¼ TL Salz, 1 EL Zucker, 1 TL Vanille verrühren, die Eier hineingeben und alles miteinander verquirlen. Die Brotscheiben so in der Mischung wenden, dass sie gut umhüllt sind.

Pro Scheibe etwa 1 EL Butter in eine Pfanne, die Scheiben darin auf jeder Seite 2–3 Min. bei sanfter Hitze ausbacken, im Ofen warm halten. Noch warm mit dem Beerenconfit servieren, Honig (oder Ahornsirup) nach Belieben darüberträufeln.

Edles Aroma

Echte Vanille schmeckt unvergleichlich. Wir bevorzugen hier gemahlene Bourbon-Vanilleschoten. Sie bekommen sie im Supermarkt in der Bioecke oder im Reformhaus. Vanillezucker ist ein Ersatz. Mit echtem Aroma können Sie nur rechnen, wenn Sie auf der Verpackung Begriffe wie „Vanille-Extrakt", „Vanille-Aroma", „echte Vanille", „Bourbon-Vanille" lesen. „Natürliches Aroma" kommt meist aus anderen Pflanzen, „Vanillin" nur aus dem Reagenzglas.

Herbst

Orange bis tiefbraun – das sind die Farben des Herbsts.
Jetzt genießt man frische Pilze aus dem Wald. Ebenso dekorativ
wie wohlschmeckend sind Kürbisse in leuchtenden Farben.

Steirersalat

Kürbiskernöl und Käferbohnen sind aromatische Spezialitäten der Steiermark. Gut, wenn Sie die Bohnen und Dressing auf Vorrat fertig haben. Dann geht dieser Salat ganz schnell.

⧖ 10 Min. + 2 Std. Kochen + Einweichen · **Pro Portion:** 265 kcal, 20 g E, 15 g F, 13 Kh, 6 g B

Für 4 Portionen	Vorbereitung
350 g Käferbohnen (oder andere Bohnenkerne)	100 g Bohnen über Nacht in reichlich kaltem Wasser einweichen
8 EL Kernöldressing	siehe Rezept S. 22 oder Tipp
400 g Salatblätter (gemischt oder etwa 1 Kopf)	
300 g Ziegenfrischkäse	mit einem Löffel zu Nocken formen

Zubereitung

Die eingeweichten Bohnen in reichlich Salzwasser etwa 2 Stunden kochen, abgießen und auskühlen lassen..

Das vorbereitete oder frisch angerührte Dressing über die Salatblätter geben.

Den Salat auf die Teller verteilen, die Käferbohnen darüberstreuen und mit den Käsenocken servieren.

> **Tipp:** Kein Dressing für den Salat auf Vorrat gemixt? Kein Problem: Für 4 Portionen verrühren Sie 70 ml Kürbiskernöl mit je 1 EL Essig und Wasser und würzen mit je 1/2 TL Salz, Senf und Honig.
>
> **Dazu passt:** Frisch getoastetes Brot.

Rote Blüten, dunkle Kerne

Glänzend braun und schwarz gesprenkelt, präsentiert sich die äußerst dekorative Käferbohne als steirische Spezialität. Man kennt sie aber auch als Arabische oder Türkische Bohne oder – wegen ihrer scharlachroten Blüten – als Prunk-, Blumen- oder Feuerbohne. Zu kaufen gibt es die stark quellenden Kerne meist nur pfund- oder kiloweise. Da sie lange einweichen und kochen müssen, lohnt es sich, sie auf Vorrat zuzubereiten. So halten sie sich im Kühlschrank ein paar Tage, lassen sich aber auch einfrieren.

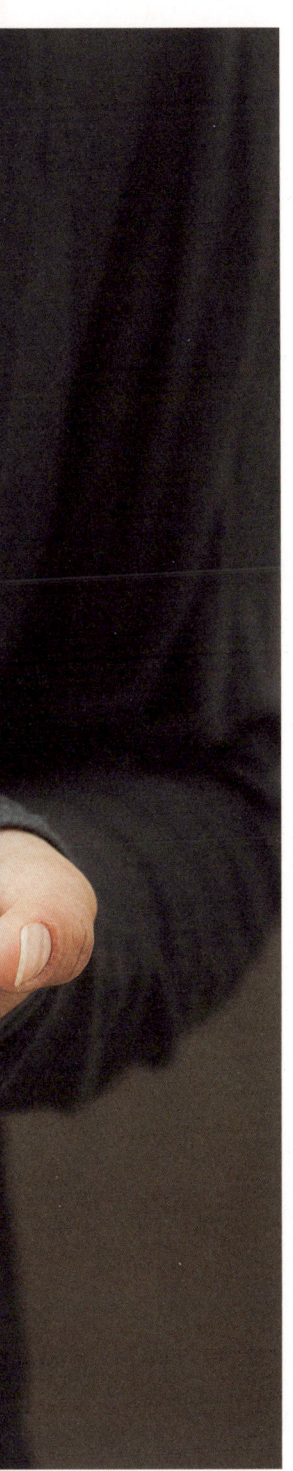

Kürbis mit Sprossen und Avocado

Cremige Avocado toppt samtigen Butternusskürbis, knackige Sprossen geben dem herbstlichen Salat eine Extraportion Würze und Vitamine.

⌛ 1 Std. · **Pro Portion:** 400 kcal, 16 g E, 35 g F, 13 g Kh, 13 g B

Für 4 Portionen	Vorbereitung
2 reife Avocados	halbieren, Kerne entfernen
1/2 Zitrone	auspressen
1–2 kg Butternusskürbis (etwa 800 g Fruchtfleisch)	schälen, Kappen entfernen, in Scheiben (etwa 2 cm) schneiden
Rapsöldressing	siehe Rezept S. 22 oder Tipp
250 g Sojasprossen	
etwa 60 g andere Sprossen (z. B. Zwiebel, Rettich)	
Außerdem: Haselnuss- oder Olivenöl, Salz	

Zubereitung

Ofen auf 200 °C vorheizen.

Das Fruchtfleisch der Avocado mit dem Zitronensaft, 2 EL Öl und Salz cremig rühren (Stabmixer).

Die Kürbisscheiben mit Öl einstreichen, salzen, auf einem Backblech je 15 Min. auf beiden Seiten backen. Herausnehmen, in Rapsöldressing marinieren.

Sojasprossen in etwas Öl braten, vom Herd ziehen und mit den Zwiebelsprossen vermischen. Den Kürbis auf flache Teller verteilen, je 1–2 EL Avocadocreme daraufgeben, die Sprossen darüberstreuen.

> **Tipp:** Kein Dressing auf Vorrat im Haus? Für 4 Portionen mischen Sie 75 ml Rapsöl mit je 1 EL weißem Balsamessig und Wasser und geben dazu 1/2 TL Salz sowie 1/4 TL Senf.

Sprossen voller Vitamine

Ob Radi oder Zwiebel, ob Linsen oder Bohnen: zum Keimen eignen sich viele Samen und Körner. Die Sprossen bringen Schärfe und Aromen. Sie liefern Vitamine und Mineralstoffe en gros, denn die vervielfachen sich während des Keimens. Die Auswahl im Laden ist aber selten groß. Wer verschiedene Sprossen probieren will, zieht sie am besten selbst. Dazu reicht ein Einmachglas. Und zum Keimen brauchen Sprossen nur Wasser, Luft und Wärme.

Pilzpüree im Knusperpack

In den knusprigen Teigpäckchen verbirgt sich ein mit Pilzen veredeltes Püree. Sie müssen nur die Schnur lösen – die Verpackung können Sie gleich mitverspeisen.
⌛ 1 Std. · **Pro Portion:** 620 kcal, 23 g E, 27 g F, 66 g Kh, 13 g B

Für 4 Portionen	Vorbereitung
800 g Kartoffeln	mit Schale kochen, schälen, warm durchpressen
600 g Pilze (z. B. Pfifferlinge, Austernpilze, Shiitake)	säubern, klein hacken
1 Zwiebel	schälen, klein hacken
400 g Räuchertofu	sehr fein raspeln
20 Blätter Filoteig 20 cm x 20 cm (oder TK-Frühlingsrollenteig)	spröde, trockene Blätter in ein feuchtes Tuch hüllen, eventuell mit Wasser einpinseln
Außerdem: Olivenöl, Dijonsenf, Salz, Butter	

Zubereitung

Kartoffel wie beschrieben vorbereiten.
Ofen auf 180 °C vorheizen.

Pilze und Zwiebeln in 2 EL Öl braten, bis die Pilze praktisch keine Feuchtigkeit mehr enthalten.

Durchgepresste Kartoffeln, Pilze, Tofu, je 4 EL Senf und Olivenöl mit Salz zu einem geschmeidigen Püree verarbeiten. Jeweils 60 – 80 g auf ein Teigblatt geben. Dieses wie einen Beutel formen und mit einer hitzeverträglichen, nicht färbenden Schnur zubinden.

Ein Blech mit Backpapier auslegen, die gefüllten Teigblätter daraufsetzen und 15 Min. backen. Den Herd öffnen, die Päckchen mit 2 – 3 EL geschmolzener Butter bestreichen und erneut 5 Min. backen.

Tipp: Pfifferlinge zum Reinigen kurz in eine große Schüssel mit kaltem Wasser und 3 – 4 EL Mehl geben. Es zieht den Schmutz magisch an. Die Pilze danach mit Küchenpapier trocknen.

Türkische Teighülle

Den türkischen Filo- oder Yufkateig gibt es jetzt auch bei uns zu kaufen – rund oder eckig, durchscheinend oder etwas dicker. Er ist praktisch fettfrei und vielseitig verwendbar als Boden oder Hülle für Füllungen. Zum Verarbeiten muss er formbar sein. Sehr trockene Exemplare daher mit Wasser oder einem Öl-Wasser-Gemisch bepinseln.

Pfifferlingsgulasch mit breiten Bohnen

Mit Pfifferlingen schmeckt unser Gulasch am besten. Andere Pilze profitieren aber auch von der würzigen Paprikaessenz. Sie gibt den Extrapfiff.

⊠ 30 Min. · **Pro Portion:** 620 kcal, 17 g E, 35 g F, 53 g Kh, 23 g B

Für 4 Portionen	Vorbereitung
600 g breite Bohnen (oder andere grüne Bohnen)	halbieren oder dritteln
3–4 Zweige Bohnenkraut	Blätter abstreifen, fein hacken
1 kg Pfifferlinge (oder andere Pilze, am besten gemischt)	reinigen, eventuell kurz abspülen, halbieren oder vierteln
500 ml Paprikaessenz	Rezept siehe S. 25
600–800 g Polentaschnitte	Rezept siehe S. 27
Außerdem: Salz, Butter, Pfeffer, Olivenöl	

Zubereitung

Bohnen in Salzwasser etwa 10 Min. bissfest kochen, abgießen, salzen, mit 3 EL Butter und Bohnenkraut abschmecken. Die Pilze in 3 EL Öl braten, mit der Paprikaessenz ablöschen, salzen und pfeffern.

Polenta in Scheiben schneiden, in einer beschichteten Pfanne auf beiden Seiten in 1–2 EL Olivenöl knusprig braten. Mit Bohnen und Gulasch servieren.

Tipp: Grüne Bohnen lassen sich gut lange vor der Mahlzeit vorbereiten. Dazu bissfest kochen und mit kaltem Wasser abspülen. So behalten sie ihr intensives Grün. Später mit Butter und etwas Wasser erhitzen oder einfach kalt mit etwas Olivenöl servieren.

Am besten knackfrisch

Hierzulande gibt es mehr als 100 Sorten grüne Bohnen. Ihr Innenleben – die Hülsen – kann auch mal gelb oder blau sein. Welche Sorte Sie auch wählen, sie sollte möglichst knackig sein.

Hokkaidopasta mit Pilzen

Sehr dekorativ und dazu ganz einfach: Tagliatelle in Kürbissauce, zu denen es gebratene Pilze gibt. Versuchen Sie die aromatischen Kräuterseitlinge.

⊠ 35 Min. · **Pro Portion:** 720 kcal, 21 g E, 24 g F, 104 g Kh, 14 g B

Für 4 Portionen	Vorbereitung
500 g Tagliatelle	
600 g Hokkaidokürbis	schälen, Kerne auskratzen, in Stücke schneiden
120 ml Kokosmilch	
100 g Ingwer	schälen, raspeln, ausdrücken und Saft auffangen
9 Knoblauchzehen	schälen, in dünne Blättchen schneiden
600 g Kräuterseitlinge (oder Steinpilze)	in Scheiben schneiden

Außerdem: Salz, Oliven- und Rapsöl, Zitronensaft

Zubereitung

Tagliatelle in Salzwasser bissfest kochen, abgießen, 1 EL Olivenöl untermischen, damit sie nicht kleben.

Die Kürbisstücke mit Ingwersaft, 500 ml Wasser und Kokosmilch 15 Min. kochen lassen. Anschließend pürieren, mit Salz und Zitronensaft abschmecken. Knoblauchblättchen in 3 EL Olivenöl rösten. Geschnittene Kräuterseitlinge in 4 EL Rapsöl braten.

Pilzscheiben fächerförmig auf die Teller verteilen. Die Tagliatelle in der Kürbissauce erhitzen, zu Nestern formen und auf die Pilze setzen. Mit den gerösteten Knoblauchscheiben garniert servieren.

Fest und vielseitig

Seit sich Kräuterseitlinge auch züchten lassen, werden sie immer häufiger angeboten. Gut so, denn ihr würziges Aroma erinnert an Steinpilze, das zarte Fleisch bleibt auch beim Kochen bissfest. Das macht diese Pilze aus der großen Familie der Seitlinge – zu denen auch die Austernpilze gehören – in der Küche so vielseitig.

Tipp 1: Wenn Sie Steinpilze nehmen, passt am besten Olivenöl zum Anbraten. Die Kokosmilch durch Sahne ersetzen, den Ingwer weglassen und mit Thymian würzen.

Tipp 2: Bei Pilzen reicht meist trocken Abbürsten zur Reinigung. Zuchtpilze wie Kräuterseitlinge oder Champignons können Sie auch wieder aufwärmen oder einfrieren.

Steirisches Kürbisgulasch

Ob grün, gelb, weiß oder orange: Kürbisse blühen mit viel Würze erst richtig auf. In diesem pikanten Gulasch machen sich helle Spätsommerkürbisse am besten.

⌛ 40 Min. · **Pro Portion:** 300 kcal, 5 g E, 19 g F, 20 g Kh, 9 g B

Für 4 Portionen	Vorbereitung
2 Zwiebeln	schälen, in sehr kleine Würfel schneiden
2 Knoblauchzehen	schälen, fein würfeln
2 Paprikaschoten (rot und grün)	in kleine Würfel schneiden
1,3 kg Kürbis (oder sehr große Zucchini)	schälen und in kleinere Stücke schneiden

Außerdem: süßer Paprika, Öl, Kümmel, Majoran, Liebstöckel, Lorbeerblätter, Salz, heller Balsamessig, Butter, Mehl

Zubereitung

Zwiebeln, Knoblauch und Paprika mit 2 EL Paprikapulver bei niedriger Hitze in 4 EL Öl etwa 5 Min. anrösten. Etwa ein Drittel der Kürbismenge, 1 TL Kümmel, 1–2 TL Majoran, 1–2 TL Liebstöckel, 2 Lorbeerblätter sowie etwas Wasser dazugeben, salzen. Alles gut verkochen lassen, bis der Kürbis leicht musig wird.

Den restlichen Kürbis dazugeben und mit einem Spritzer Balsamessig noch einmal kurz aufkochen. Die Kürbisstücke sollen noch Biss haben. Zum Binden der Sauce 2 EL Butter in einer Pfanne erhitzen, mit einem Schneebesen 1 EL Mehl einrühren und durchrösten, bis sich Duft entwickelt. In das Gulasch einrühren und noch etwa 5 Min. mitkochen.

> **Dazu passt:**
> Serviettenknödel (S. 35), gebratene Polenta (S. 27) oder Salzkartoffeln.

Globale Küchenhits

Groß, klein, kugelig oder platt: Im Herbst stehlen Kürbisse so manchem Gemüse die Schau. Schließlich stecken sie voller gesunder Inhaltsstoffe, sind kalorienarm, lange zu lagern und offen für fantasievolle Würze. Auch Kerne und ihr Öl genießen viele. Rezepte für die rund 800 Arten gibt es weltweit: als Suppe, Gratin oder Chutney, Kürbisbrot oder -kuchen.

Überbackener Kürbis mit Apfelchutney

Orange leuchtender Kürbis, weißer Käse, dazu ein köstliches Apfelchutney – so schmeckt der Herbst, so ist er auch ein Augenschmaus.

⧖ 60 Min. · **Pro Portion:** 495 kcal, 16 g E, 39 g F, 18 g Kh, 7 g B

Für 4 Portionen	Vorbereitung
1,5 kg Kürbis (Hokkaido oder Butternut)	schälen, Kerne auskratzen, in dünne Scheiben (etwa 1,5 cm) schneiden
300 g Feta	zerkrümeln
1 Bund gemischte Kräuter (z. B. Thymian, Rosmarin, Salbei, Petersilie)	Blättchen abzupfen, hacken
Apfelchutney	Rezept siehe S. 24
Außerdem: Olivenöl	

Zubereitung

Ofen auf 200 °C vorheizen.

Die Kürbisscheiben mit 3 EL Olivenöl vermischen, salzen. Ein Backblech gut einfetten, die Scheiben auf dem Blech verteilen und backen. Nach 20 Min. die Scheiben wenden und weitere 20 Min. backen.

Feta mit 5 EL Olivenöl und Kräutern vermengen. Kurz vor dem Servieren den Feta über die Scheiben streuen und im Ofen schmelzen lassen.

Kürbisscheiben mit kaltem Apfelchutney servieren.

> **Dazu passt:**
> Grüner Salat mit Kern-öldressing (S. 22).

Wirklich nicht schälen – oder doch?

Man liest es immer wieder: Bei Hokkaidos muss man die Schale nicht mühselig abschneiden, sie lässt sich mitessen. Wirklich geeignet dafür sind sie aber nur sehr selten – je nach Reife, Klima, Lagerung. Prüfen Sie, ob sich die Schalen wirklich dünn und weich anfühlen. Sonst sorgen sie sogar püriert für eine sandige Konsistenz.

Butternut auf Letschoreis

Äußerlich birnenförmig und hell, innen orange und von cremiger Konsistenz – der Butternut- oder Butternusskürbis ist einer der beliebtesten Kürbisse. Hier werden in der Pfanne gebratene dünne Spalten mit tomatenrotem Letschoreis serviert.

☒ 35 Min. · **Pro Portion:** 570 kcal, 11 g E, 22 g F, 69 Kh, 14 g B

Für 4 Portionen	Vorbereitung
800 g Vollkornreis gekocht	oder 350 g Vollkornreis kochen, siehe Rezept S. 20
4 Knoblauchzehen	schälen, halbieren, stifteln
2 Zwiebeln (etwa 250 g)	schälen, halbieren und in Streifen schneiden
4 Paprikaschoten, je 2 rot und gelb (rund 500 g)	entkernen, in Streifen schneiden
500 g kleinere Tomaten	am Stielansatz die Kappen abschneiden, halbieren
3 – 4 Rosmarinzweige	lange Zweige eventuell auf Topfgröße kürzen
1 Butternutkürbis (etwa 1 kg)	schälen, Kerne mit einem Löffel auskratzen, in sehr dünne (1 cm) Spalten schneiden

Außerdem: Olivenöl, Salz, Pfeffer

Zubereitung

Gegebenenfalls Reis aufsetzen. Knoblauch, Zwiebel- und Paprikastreifen in Olivenöl anbraten, Tomaten und ganze Rosmarinzweige dazugeben und salzen. Wenn das Gemüse aufkocht, die Hitze reduzieren, zunächst 10 Min. zugedeckt, dann weitere 10 Min. offen kochen lassen.

Den Vollkornreis unter das Paprika-Tomaten-Gemüse heben, kurz durchrühren, mit 1 – 2 EL Olivenöl und Salz abschmecken.

Die Kürbisspalten in einer Pfanne auf beiden Seiten in 2 – 4 EL Olivenöl jeweils 5 Min. braten, salzen und pfeffern. Zusammen mit dem Letschoreis servieren.

Tipp: Gemüse gart am besten im eigenen Saft, der nach dem Anbraten in etwas Fett austritt. Dazu gleich nach dem Anbraten salzen und den Deckel auflegen. Anfangs sehr trockenen Mischungen hilft ein Spritzer Wasser, Wein oder Tomatensaft, damit sie nicht anbrennen.

Letscho

Letscho ist ein klassisches ungarisches Schmorgericht mit Paprika, Zwiebeln und Tomaten. Wobei die Gemüsebestandteile oft bis zur Unkenntlichkeit eingekocht werden. Die Serben gaben Reis dazu und nannten es Djuvec. So wurde das ehemalige Arme-Leute-Gericht auch im nahen Österreich eine beliebte Beilage.

Herbstgemüse mit Maronen

Eine Farbsymphonie in Rot – so präsentiert sich das Gemüse des Herbsts. Maronen und Trauben bilden einen süß-sanften Kontrast zum leicht bitteren Radicchio.

⊠ 40 Min. · **Pro Portion:** 620 kcal, 11 g E, 34 g F, 55 g Kh, 14 g B

Für 4 Portionen	Vorbereitung
600 g Hokkaidokürbis	schälen und in Stücke schneiden
250 g Sahne	
250 g Rosenkohl	putzen, halbieren, die Hälften in drei Streifen schneiden
2 kleine Zwiebeln	schälen, vierteln, die Viertel in Streifen schneiden
1 Knoblauchzehe	schälen und in dünne Scheiben schneiden
250 g braune Champignons	halbieren, große Exemplare vierteln
350 g Weintrauben	Trauben abzupfen, waschen
1 Radicchio (etwa 250 g, wenn möglich di Treviso)	der Länge nach vierteln und die Viertel in Streifen schneiden
1 Packung gegarte Maronen (200 g)	halbieren

Außerdem: Tabasco oder Cayennepfeffer, Salz, Essig, Öl

Zubereitung

Kürbis in 300 ml Wasser und Sahne weich kochen, pürieren. Mit einem Spritzer Tabasco, Salz und 1 EL Essig abschmecken, noch einmal kurz aufkochen. Die Konsistenz soll etwa die einer dicken Suppe sein.

Rosenkohl, Zwiebeln und Knoblauch in 4 EL Öl etwa 3 Min. anbraten. Champignons, Weintrauben, Radicchio und Maronen dazugeben, salzen. Zugedeckt weitere 3–5 Min. im eigenen Saft dünsten, je nachdem wie bissfest Sie das Gemüse bevorzugen.

Die heiße Kürbissauce in tiefe Teller geben und das Gemüse daraufsetzen.

Stachelige Schale, sanfter Kern

Maronen kommen meist vom Mittelmeer. Mit den Rosskastanien aus unseren Breiten sind sie nicht verwandt. Ihre stachelige Hülle platzt auf, wenn die 1 bis 3 Nüsse im Inneren reif sind. Die kann man rösten, kochen, zu Pürees verarbeiten. Manchmal werden die sehr stärkehaltigen Früchte auch zu Kastanienmehl verarbeitet.

Bunter Mangold mit knusprigen Kernen

Ein farbliches Kontrastprogramm mit gegensätzlichen Konsistenzen: Cremiges Püree mit herbem Mangold und in Sojasauce geröstete Sonnenblumenkerne.
⌛ 30 Min. · **Pro Portion:** 430 kcal, 13 g E, 34 g F, 20 g KH, 15 g B

Für 4 Portionen	Vorbereitung
600 g Hokkaidopüree	siehe Rezept S. 33
70 g Sonnenblumenkerne	
1 kg Mangold (am besten bunter)	waschen, Blätter abtrennen, grob hacken, Stiele in mundgerechte Stücke (etwa 5 cm) schneiden
2–3 Möhren	schälen, halbieren und in Scheiben schneiden
1/2 Zitrone	auspressen
Außerdem: Sojasauce, Olivenöl oder Butter, Salz, eventuell Parmesan	

Zubereitung

Kürbispüree zubereiten oder warm stellen. Nach Belieben 100 g geriebenen Parmesan oder Pecorino in das Püree einarbeiten.

Sonnenblumenkerne in einer beschichteten Pfanne ohne Fett goldbraun und knusprig rösten, mit 3 EL Sojasauce würzen.

Mangoldstiele mit den Möhren etwa 5 Min. bissfest kochen. Das Gemüse herausheben und kalt abschrecken. Im heißen Kochwasser die Mangoldblätter einige Min. garen, ebenfalls abschrecken.

Zitronensaft mit 100 ml Wasser, 50 ml Olivenöl oder 50 g Butter in einer Pfanne erhitzen, salzen. Das Mangoldgemüse mit Stielen darin erwärmen, mit dem Kürbispüree auf die Teller geben und mit den Sonnenblumenkernen bestreuen.

Tipp: Sobald die Kerne goldbraun sind, die Pfanne vom Feuer ziehen, kurz abkühlen lassen und mit 2–3 EL Sojasauce ablöschen. Das muss punktgenau geschehen, sonst verbrennt die Sojasauce. Die Kerne eignen sich auch als würzige Knabberei zwischendurch. Sie halten sich mehrere Tage, werden allerdings lasch, wenn sie Feuchtigkeit ziehen.

So bleibt Grünes farbenfroh

Plötzliche Kälte sorgt bei gekochten Erbsen, Mangold oder auch bei Kohl dafür, dass leuchtendes Grün nicht an Brillanz verliert. Dazu geben Sie das gerade gegarte Gemüse aus dem heißen Kochwasser in ein Sieb und übergießen es mit möglichst kaltem Wasser aus dem Hahn. Danach das jetzt kühle Gemüse mit etwas Butter und frischem Wasser erhitzen und vermischen, dabei würzen.

Glasnudeln rot-weiß-grün

Europa grüßt Asien: Glasnudeln mit Roter Bete bilden die Basis, grüner Mangold und weißer Blumenkohl den Kontrast.

⧖ 35 Min. · **Pro Portion:** 530 kcal, 8 g E, 28 g F, 60 g Kh, 9 g B

Für 4 Portionen	Vorbereitung
250 g Glasnudeln	
2 Rote Bete (einfacher: 100 ml Rote-Bete-Saft)	schälen, raspeln und den Saft ausdrücken
600 g Mangold	die Blätter von den Stielen schneiden, Blätter und Stiele in mundgerechte Stücke schneiden
1 Blumenkohl (etwa 600 g)	in nussgroße Stücke zerteilen
60–80 g Meerrettich	raspeln
Außerdem: Sesam- oder Rapsöl, Meersalz, Butter	

Zubereitung

Glasnudeln 3 Min. in sprudelndem Wasser kochen, abgießen, kalt abspülen, abtropfen lassen und mit einer Küchenschere klein schneiden. 2 EL Öl dazugeben, damit sie nicht zusammenkleben. In einer Schüssel mit Rote-Bete-Saft mischen, salzen.

Mangoldblätter und -stiele nacheinander bissfest kochen und kalt abspülen. Dann vermengen, salzen und in 4 EL Butter erhitzen. Blumenkohl in 2 EL Öl von allen Seiten braun braten, mit Salz bestreuen.

Die Nudeln mit dem bereits zugegebenen Öl in einer beschichteten Pfanne knusprig braten, mit dem Mangold in Schalen füllen. Blumenkohl und geriebenen Meerrettich darübergeben.

> **Tipp:** Für den Blumenkohl eine Pfanne mit hohem Rand mit 2 EL Butter oder Öl ausstreichen. Blumenkohlstücke etwa 2 Min. anbraten, bis ihre Unterseite braun wird. Dann die Stücke immer wieder wenden, bis sie rundherum leicht gebräunt sind.

Asiatische Pasta

Glasnudeln werden aus gemahlenen Mungo- beziehungsweise Sojabohnen hergestellt und sind damit auch für Weizenallergiker geeignet. Viele legen sie nur in kaltes Wasser. Sinnvoller ist es jedoch, sie wenige Minuten zu kochen. Erst dabei werden diese vorher weißen Nudeln durchsichtig. Bei Reisnudeln ist es gerade umgekehrt.

Blumenkohl in Kokosmilch mit knuspriger Quinoa

So kann die Optik täuschen: Was wie Blumenkohl mit weißer Sauce und Bröseln aussieht, schmeckt exotisch. Kokosmilch und Quinoa machen es möglich.

⧖ 30 Min. · **Pro Portion:** 700 kcal, 21 g E, 42 g F, 60 g Kh, 13 g B

Für 4 Portionen	Vorbereitung
1 l Kokosmilch	
100 g Ingwer	schälen, raspeln, ausdrücken, den Saft auffangen
1 Zitrone	auspressen
600 g Quinoa gekocht	siehe Rezept S. 21 oder 250 g kochen
2 große Köpfe Blumenkohl (etwa 1200 g ohne Blätter)	von den Blättern befreien, in mittelgroße Röschen zerteilen
Außerdem: Salz, Piment- und Korianderkörner, Sternanis, Kurkuma	

Zubereitung

Kokosmilch mit Salz, Ingwer- und Zitronensaft in einem hohen Topf zum Kochen bringen, je 15 Piment- und Korianderkörner, 2 Sternanis und 1 TL Kurkuma dazugeben und 3–5 Min. kochen lassen, damit sich die Aromen der Gewürze verbinden können. Währenddessen die gegarte Quinoa knusprig braten.

Blumenkohl in der gewürzten Kokosmilch je nach gewünschter Festigkeit 5–10 Min. mit Deckel kochen. Die gegarten Röschen mit einem Schaumlöffel aus der Milch heben und mit der knusprigen Quinoa – ähnlich wie mit Butterbröseln – bestreuen. Die restliche Quinoa als Beilage und die Kokosmilch als Sauce reichen.

> **Tipp:** Um die Gewürze aus der Sauce zu entfernen, wird diese einfach durch ein Sieb gegossen, bevor der Blumenkohl darin gekocht wird. Die Sauce muss den Kohl nicht bedecken. Bei geschlossenem Deckel werden auch Röschen gar, die aus der Sauce ragen.

Meist weiß, öfter mal grün oder violett

Sonnenmangel ist der Grund für das appetitliche Weiß des Blumenkohls. Zu dem Zweck werden die großen grünen Hüllblätter über dem Kopf zusammengefasst. Anders beim grünen Romanesco mit türmchenartiger Struktur der Röschen. Er ist während des Wachstums voll der Sonne ausgesetzt, was zu mehr Vitaminen und kräftigerem Geschmack verhilft. Es gibt auch violetten Blumenkohl. Aber egal welche Farbe der Kopf hat: Der Kohl hält zwar sich relativ gut, wenn er einigermaßen kühl gelagert wird. Dennoch können nach wenigen Tagen Geschmack und Vitamine leiden.

Geschmorter Blumenkohl mit Tomatenconfit und Oliven

Blumenkohl finden viele eher neutral bis langweilig – ein guter Grund, ihn mit diversen Zutaten aufzupeppen. Hier kommt er knackig gegart auf den Tisch, mediterran gewürzt mit Kräutern, Schafskäse, Tomaten und Oliven.

⌛ 30 Min. · **Pro Portion:** 455 kcal, 13 g E, 22 g F, 19 g Kh, 10 g B

Für 4 Portionen	Vorbereitung
1 Zwiebel	schälen, in Streifen schneiden
4–5 Knoblauchzehen	schälen, in Streifen schneiden
1 kg reife Cocktailtomaten	
einige Zweige Thymian	Blättchen abzupfen
1 Blumenkohl (etwa 900 g)	grüne Blätter weitgehend wegschneiden
100 g weicher Fetakäse	in kleine Würfel schneiden
1/2 Bund Basilikum	abzupfen, in feine Streifen schneiden
100 g schwarze Oliven	entkernen und hacken
Außerdem: Olivenöl, Salz, Honig	

Zubereitung

2 EL Olivenöl in einem Topf erhitzen, der etwas größer ist als der Blumenkohl. Zwiebel und Knoblauch darin anschwitzen und die Hälfte der Tomaten im Ganzen dazugeben. So lange rühren, bis die Haut der Tomaten das Fruchtfleisch freigibt und eine Sauce entsteht. 100 ml Wasser zugießen, Salz, 1 EL Honig und Thymianblätter zufügen.

Den Blumenkohl in den Topf, die restlichen Tomaten darumlegen. Aufkochen, Hitze reduzieren, zudecken und in etwa 10 Min. bissfest kochen.

Den Feta zerdrücken und mit dem Basilikum mischen. Die noch fast ganzen Tomaten herausheben und kreisförmig auf eine runde Platte legen. Den Kohl in die Mitte platzieren, die Sauce mit dem Fruchtfleisch darübergießen.

Den Blumenkohlkopf mit Oliven und Basilikumkäse bestreuen, mit 1–2 EL Olivenöl beträufeln.

Tipp: Je nach Größe und Qualität des Kochgeschirrs dauert das Garen mal länger, mal kürzer. Das gilt aber generell für alle Rezepte. Da hilft nur, immer mal wieder nachzuschauen und zu prüfen.

Dazu passt:
Würzig gebratene Quinoa (S. 29).

Kokoswirsing mit Shiitake und Süßkartoffelbällchen

Weich gekochter Wirsing in Mehlschwitze? Lieber nicht. Dieser wird in Kokosmilch knapp gegart, das ist leichter, feiner und frischer. Dazu gibt es aromatische Pilze und frittierte Süßkartoffelbällchen in knuspriger Sesamhülle.

⧖ 1 Std. · **Pro Portion:** 460 kcal, 10 g E, 22 g F, 54 g Kh, 15 g B

Für 4 Portionen	Vorbereitung
500 g Süßkartoffeln	mit Schale etwa 30 Min. gar kochen, abkühlen lassen, bis sie lauwarm sind
1 Eigelb	
60 g helle Sesamsaat	
1 Wirsing (etwa 1 kg)	äußere Blätter entfernen, Stiele herausschneiden. Blätter zusammenrollen und in lange Streifen wie dünne Bandnudeln schneiden
800 ml Kokosmilch	
100 g Ingwer	schälen, raspeln, ausdrücken und Saft auffangen
300 g Shiitakepilze	Stiele abschneiden, größere Kappen in Streifen

Außerdem: Salz, Mehl, Semmelbrösel, Zitronensaft, Sojasauce, Honig, Sesamöl, Pflanzenöl

Zubereitung

Süßkartoffeln schälen, zerdrücken oder stampfen, mit Eigelb, 2 TL Salz, 2 EL Mehl und 3 EL Semmelbröseln vermengen. Aus dem Püree pro Person 2–3 Kugeln formen und in Sesam wälzen, bis sie ganz bedeckt sind.

Wirsing in der Kokosmilch etwa 6 Min. garen, bis er knackig und angenehm zu beißen ist. Mit Salz und Zitronensaft abschmecken.

100 ml Wasser mit 6 EL Sojasauce, Ingwersaft, 1–2 TL Honig und einigen Tropfen Sesamöl würzen. Die Shiitake in diesem Sud etwa 10 Min. köcheln lassen.

Die Süßkartoffelbällchen portionsweise in einer hohen Pfanne schwimmend (etwa 2 Finger hoch) in heißem Pflanzenöl ausbacken, bis sie goldbraun sind. Mit Wirsing und den Shiitake servieren.

Tipp 1: Nicht jeder schätzt das dunkle, leicht scharf-nussige Sesamöl. Helles oder nicht ganz so dunkles ist eine Alternative.

Tipp 2: Die Bällchen nach dem Frittieren auf ein Küchenpapier legen und so das Fett etwas aufsaugen lassen.

Wirsing Treviso

Radicchio mal nicht als Salat, sondern aus der Pfanne. Seine fein-herbe Note harmoniert mit Honig, Balsamessig und mildem Wirsing.

⧖ 20 Min. · **Pro Portion:** 450 kcal, 5 g E, 33 g F, 20 g Kh, 9 g B

Für 4 Portionen	Vorbereitung
2 Zwiebeln	schälen, halbieren und in dünne Streifen schneiden
250 g Räuchertofu	erst in dünne Scheiben, dann in Streifen schneiden
500 g Radicchio (am besten länglicher)	in kleine Streifen schneiden
2 Zweige Rosmarin	ganz lassen, eventuell auf Topfgröße kürzen
250 g Sahne	
1 Wirsing (800–900 g)	von den äußeren Blättern befreien, halbieren, dabei den Strunk nicht entfernen, und in schmale Spalten schneiden

Außerdem: Olivenöl oder Butter, Salz, heller Balsamessig, Honig, Pfeffer

Zubereitung

Die Zwiebeln mit den Tofustreifen in 4 EL Olivenöl oder Butter rösten, Radicchio und Rosmarinzweige dazugeben, salzen. Sobald die Blätter beginnen zusammenzufallen, mit 2 EL Balsamessig und 1 EL Honig abschmecken. Kurz mit Sahne aufkochen.

Die Wirsingspalten in Salzwasser etwa 5 Min. kochen lassen, herausheben und mit dem Radicchioragout anrichten. Pfeffern nicht vergessen.

Tipp: Und so wird ein Kopf Wirsing zu schmalen Spalten: In Viertel schneiden und diese dann – ähnlich wie Zitronenspalten –- in Stücke von etwa 200 g teilen. Die Spalten noch einmal bis zum Strunk teilen, ihn aber nicht durchschneiden.

Dazu passt: Cremige Polenta (S. 27)

Radicchio in zwei Sorten

Beide Radicchios kommen aus der Familie Chicorée. Der runde, den wir vor allem als Salat kennen, heißt di Chioggia. Der längliche und hierzulande recht seltene nennt sich di Treviso. Rund um diese norditalienische Stadt liegt auch sein Hauptanbaugebiet. Der Treviso ist ein Wintergewächs, bei dem die Kälte die gesunden Bitterstoffe zum Teil abgebaut hat, sodass er milder schmeckt. Geschätzt wird er vor allem für Risotto und zum Braten. Die Bitterstoffe sollen unter anderem die Galle anregen.

Knackiger Krauskopf

Um den Wirsing in Form zu bringen und eine einheitliche Struktur zu bekommen, schneidet man den Strunk aus den Blättern. So werden sie gleichmäßig gar und die Garzeiten lassen sich besser kontrollieren.

Wirsing in Paprikaessenz mit Tofu und Champignons

Der aromatische Wirsing ist viel zu schade, um weich gekocht serviert zu werden. Hier behält er seine zarte, knackige Textur und harmoniert mit den feinen Röstaromen von Champignons und Räuchertofu.

⌛ 45 Min. · **Pro Portion:** 425 kcal, 15 g E, 30 g F, 16 g Kh, 13 g B

Für 4 Portionen	Vorbereitung
400 ml Paprikaessenz	siehe Rezept S. 25
1 Wirsing (etwa 1 kg)	äußere Blätter entfernen, dickere Stiele herausschneiden, Blätter zusammenrollen und lange dünne Streifen wie Bandnudeln schneiden
400 g Champignons	putzen, halbieren und in dünne Scheiben schneiden
1 kleines Bund Thymian	Blättchen abzupfen und hacken
Räuchertofu (2 Packungen à 250 g)	jedes Tofustück längs halbieren, sodass zwei gleich große Stücke entstehen, diese diagonal in vier Dreiecke schneiden.

Außerdem: Salz, Pfeffer, Rapsöl, heller Balsamessig oder Zitronensaft, Butter

Zubereitung

Paprikaessenz aufkochen, salzen und pfeffern. Wirsing darin etwa 4 Min. knackig garen.

Champignonscheiben in 2 EL Öl heiß anbraten. Wenn die Champignons nach 3–Min. fast gar sind, den gehackten Thymian dazugeben, salzen, mit 2 EL Essig oder Zitrone abschmecken.

Die 8 Tofuscheiben in 2 EL Öl von allen Seiten hellbraun anbraten.

Kurz vor dem Servieren 50 g kalte Butter unter den heißen Wirsing rühren. Zusammen mit den gebratenen Tofuscheiben und den Champignons servieren.

Tipp: Mit Sahne oder Kokosmilch wird die Sauce sämig abgerundet, aber auch gehaltvoller.

Dazu passt: Polenta cremig oder gebraten als knusprige Schnitte (S. 27).

Mais-Austern-Palatschinken

Zugegeben: Dieses Rezept enthält weder Austern noch Schinken. Aber frischen Mais, aromatisch versteckt in Eierkuchen, die in Österreich Palatschinken heißen – und die in diesem Fall so klein wie Austern sind.

⌛ 55 Min. · **Pro Portion:** 650 kcal, 23 g E, 27 g F, 76 g Kh, 8 g B

Für 4 Portionen	Vorbereitung
2–3 Maiskolben (oder 360 g Dosenmais)	
1 rote Paprikaschote	in kleine Würfel schneiden
1 Zwiebel	schälen, klein würfeln
4 Eier	
500 ml Milch	
300 g Mehl	
3 Zweige Thymian (oder Majoran)	Blättchen abzupfen, hacken
Außerdem: Olivenöl, Salz, Butter	

Zubereitung

Maiskolben ohne Salz 10–15 Min. kochen, auskühlen lassen, die Körner von den Kolben schneiden. Paprika und Zwiebel in 2 EL Olivenöl kurz rösten.

Eier, Milch und Salz mit einem Schneebesen verrühren, das Mehl einstreuen und zu einem glatten Teig verarbeiten. Beiseitestellen und 20 Min. quellen lassen. Bei Bedarf mehr Milch dazugeben – der Teig sollte dickflüssig sein. Das geröstete, gesalzene Gemüse und den Thymian darunterrühren.

Je 2 TL Butter in einer Pfanne erhitzen und kleine dicke Küchlein in Austerngröße backen. Damit der Teig nicht zerfließt, soll das Fett nicht zu heiß sein.

Tipp: Arbeiten Sie abwechselnd mit zwei Pfannen. So wird das Fett nicht zu heiß.

Dazu passt: Spitzkohl gebraten. Dafür 800 g Spitzkohl fein schneiden, ebenso 1 Zwiebel. Alles in 1–2 EL Öl anschwitzen und leicht bräunen, salzen.

Körner lösen

Die Maiskörner mit einem Messer dicht, aber nicht direkt am Kolben abschneiden. Die Hülsen am Ende sollten dabei nicht mit abgetrennt werden.

Paprika in Shiro-Butter mit weißen Bohnen und Birnen

Die Aromen des sanften Shiro-Miso zaubern im Nu ein neues Geschmackserlebnis. So entsteht mit heimischen Zutaten ein asiatisch anmutendes Gericht.

⧖ 15 Min. · **Pro Portion:** 455 kcal, 11 g E, 36 g F, 32 Kh, 16 g B

Für 4 Portionen	Vorbereitung
1 Gemüsezwiebel	schälen, halbieren und in dünne Streifen schneiden
500–600 g Paprikaschoten (rote, gelbe, grüne)	erst in Streifen (etwa 1 cm) schneiden, dann halbieren oder in Dreiecke schneiden
400 g große weiße Bohnen (Glas oder Dose)	abspülen
2 reife, gelbe Birnen	vierteln, Gehäuse entfernen
Außerdem: Rapsöl, Salz, Shiro-Miso, Butter	

Zubereitung

Zwiebel- und Paprikastreifen in einer großen Pfanne etwa 3 Min. unter ständigem Rühren in 4 EL Öl anbraten. Die Hitze herunterschalten, salzen und zudecken. Nach weiteren 4 Min. den Deckel abnehmen. Das Gemüse sollte noch bissfest sein.

3 gehäufte EL Shiro-Miso, 80 g Butter und die weißen Bohnen einrühren, salzen und einmal aufkochen.

Die geviertelten Birnen auf das Gemüse setzen und servieren. Je nach Belieben können sie auch geschält werden.

Tipp 1: Der Shiro-Miso aus geschältem Reis und Sojabohnen schmeckt besonders sanft. Wenn er im Asialaden nicht zu finden ist, nehmen Sie einfach milden Miso.

Tipp 2: Weiße Bohnen sehr gut mit kaltem Wasser abspülen, um Geruch und Schaum zu entfernen. Am besten, weil wunderbar zart und weich, sind spanische Alubias granjas.

Dazu passt: Knusprig gebratener Basmatireis (S. 32).

Im Handumdrehen entkernt

Sie müssen nicht mit dem Messer hantieren, um die Paprikaschoten von den Kernen zu befreien. Einfacher geht es so: Den Strunk der Paprika mit beiden Daumen eindrücken und anschließend komplett herausziehen. Dann die Kerne ausklopfen und die Schote nach Bedarf der Länge nach vierteln oder in Ringe schneiden.

Amaranthschmarrn mit Zwetschgenröster

Die süß-sauren Zwetschgen zum knusprigen, leicht nussigen
Amaranthschmarrn. Das schmeckt nicht nur im Herbst.
⊠ 30 Min. · **Pro Portion:** 300 kcal, 3 g E, 8 g F, 52 g Kh, 5 g B

Für 4 Portionen	Vorbereitung
1 kg Zwetschgen	entkernen und der Länge nach in Viertel schneiden
Gewürze (z.B. Piment, Koriander, Kardamom, Zimt)	
120 g gekochter Amaranth	oder 50 g kochen, siehe Rezept S. 20
Außerdem: Zitronensaft, Honig oder Zucker, Butter, Ahornsirup	

Zubereitung

Die entkernten Zwetschgen in einem Topf mit 50 ml Wasser, einem Spritzer Zitronensaft und je einem TL der Gewürze aufkochen. Mit 4 EL Honig oder Zucker süßen. Die Hitze reduzieren und bei geschlossenem Deckel etwa 3 Min. auf kleiner Flamme köcheln lassen.

In einer beschichteten Pfanne 2 EL Butter zergehen lassen, den Amaranth flach drücken, in die Pfanne geben, auf jeder Seite knusprig braten.

Den Schmarrn in vier Stücke teilen und auf die Teller geben, mit je 1 EL Ahornsirup süßen und mit dem Zwetschgenröster servieren.

Tipp 1: 1 Kilo Zwetschgen ergibt rund 800 g Röster. Nutzen Sie den Frühherbst, um den Röster – so ähnlich wie Pflaumenkompott – auf Vorrat zu kochen. Er hält sich etwa ein Jahr.

Tipp 2: Die späten Zwetschgen haben am meisten Aroma, eignen sich am besten zum Kochen und Backen. Sie können auch gefrorene Zwetschgen nehmen. Dann kein Wasser zugeben.

Kompott auf Österreichisch

Anders als das bekanntere Kompott mit reichlich Saft wird ein typischer Röster fast ohne Wasser zubereitet. Eine besonders aromatische Variante ist der beschwipste Röster: Dafür die beim Kochen der Zwetschgen entstandene Flüssigkeit abgießen, auffangen und separat mit 100 ml süßer Spätlese, Portwein oder Holunderbeersaft (Fliederbeersaft) aufkochen. Dieses Gemisch auf etwa ein Fünftel einkochen und wieder zu den Zwetschgen geben. Weniger geeignet dafür sind Pflaumen. Sie sind zwar auch blau, aber runder, wasserhaltiger und vor allem schlechter zu entkernen.

Haferkerne mit Apfelbutter

Basis für den Mix ist aromatische Apfelbutter, eine Art Fruchtcreme aus dem Vorrat. Auch beim Hafer hilft Planwirtschaft: Kochen Sie ihn ruhig am Tag zuvor, am besten auf Vorrat. Denn diese leckere Zwischenmahlzeit schmeckt nach mehr.

⊠ 10 Min. · **Pro Portion** (ohne Obst)**:** 330 kcal, 8 g E, 22 g F, 16 g Kh, 6 g B

Für 4 Portionen	Vorbereitung
240 g gekochte Haferkörner (3 EL pro Portion)	oder am Vortag knapp 100 g Hafer kochen, siehe Rezept S. 21
240 g Apfelbutter (3 EL p. P.)	siehe Rezept S. 24
240 g Joghurt (3 EL p. P.)	
frisches Obst nach Wahl	in mundgerechte Stücke schneiden
15 Nüsse (z. B. Walnüsse)	hacken

Zubereitung

Pro Portion jeweils etwa 3 EL ausgekühlte Haferkerne mit der Apfelbutter und dem Joghurt verrühren. Äpfel, Trauben oder anderes Obst nach Belieben schneiden, darunterheben und 5 Min. durchziehen lassen. Mit den gehackten Nüssen bestreuen.

Tipp 1: Apfelbutter ist im englischen Original eine Art Fruchtaufstrich aus eingedicktem Apfelmus. Hier kommen Trockenfrüchte und Nüsse dazu.

Tipp 2: Rösten Sie die Nüsse ohne Fett in einer beschichteten Pfanne. Das intensiviert das Nussaroma.

Fitmacher

Hafer enthält mehr Fett als andere Getreidearten, schmeckt dafür aber schön nussig und ist Gesundheit pur – als ganzes Korn ebenso wie als kernige Flocken. Besonders wichtig sind die vielen Ballaststoffe, sie sollen sogar Cholesterin senken. Ähnliches wird den Pektinen im Apfel nachgesagt, sie gehören zu den löslichen Ballaststoffen. Auch Nüsse enthalten viel Fett, aber gesundes mit wichtigen Fettsäuren, dazu reichlich B-Vitamine und Mineralstoffe. Und sie schmecken nun mal gut.

Winter

Wenn die Tage länger und kälter werden, ist Kohl ideal.
Ob krauser Wirsing oder kleiner Rosenkohl, ob feiner Spitzkohl
oder robuster Rotkohl: Sie alle stecken randvoll mit Gesundem
und sind äußerst aromatisch. Neue Rezeptideen lohnen.

Rahmsuppe mit Wein

Aus der ländlich-bäuerlichen Küche Österreichs kommt diese einfache und doch köstliche Suppe. Mit Wein, Sahne und knusprigen Brotwürfeln ist sie im Nu fertig.

⊠ 20 Min. · **Pro Portion** (ohne Käse): 490 kcal, 7 g E, 29 g F, 40 g Kh, 4 g B

Für 4 Portionen	Vorbereitung
4 Scheiben Bauernbrot	in Würfel schneiden
1 Zwiebel	schälen, in kleine Würfel hacken
200 g Sahne	
125 ml Weißwein	
Außerdem: Butter, Kümmel, Salz, eventuell Bergkäse	

Zubereitung

Die Brotwürfel in 4 EL Butter knusprig rösten.

Die Zwiebelstücke in 1 EL Butter leicht anschwitzen, mit 750 ml Wasser und der Sahne aufgießen, mit 1 TL Kümmel und Salz abschmecken. Alles auf kleiner Flamme 5 Min. kochen lassen, dann mit dem Weißwein kurz aufkochen, vom Feuer ziehen.

Die Suppe in Schalen oder Teller füllen, mit Kümmel und den gerösteten Brotwürfeln bestreut servieren. Wenn Suppe noch mehr sättigen soll, streuen Sie Käse darüber, beispielsweise Bergkäse oder Gouda.

> **Tipp:** Lieber kein Alkohol und etwas weniger Fett? Dann ersetzen Sie Weißwein plus Sahne durch Sauerrahm. Dazu 250 g Sauerrahm mit 5 EL Wasser und 1 EL Mehl verquirlen und 5 Min. quellen lassen. Danach geht es weiter wie im Rezept nebenan.

Vom Brot zum Knusperwürfel

Mehr als 300 Brot- und 1200 Kleingebäcksorten sind hierzulande bekannt. Alle variieren das uralte Grundrezept: Mehl, Wasser, Salz und ein Triebmittel, vor allem Hefe und/oder Sauerteig. Dabei eignet sich jede Brotsorte als knusprige Suppeneinlage. Zu diesem ursprünglichen Gericht aus der österreichischen Landküche passen herzhafte Brote aus dunklem Mehl allerdings am besten. Besonders knusprig werden die Brotwürfel, wenn die Scheiben dafür schon ein wenig trocken geworden sind. Nehmen Sie also ruhig etwas älteres Brot – oder lassen Sie frische Scheiben mehrere Stunden trocknen. Notfalls hilft ein Toaster.

Topinambursalat mit Granatapfel

Topinambur und auch Pastinaken sind kaum bekannt, aber eine sehr schmackhafte Abwechslung. Vor allem in dieser Kombination mit Granatapfelsirup und -kernen.
⊠ 30 Min. · **Pro Portion:** 470 kcal, 15 g E, 31 g F, 32 g Kh, 13 g B

Für 4 Portionen	Vorbereitung
300 g Möhren	schälen, der Längen nach halbieren, schräg in etwa 1 cm dicke Streifen schneiden
300 g Kartoffeln	schälen, passend zu den Möhren klein schneiden
150 g Pastinake	schälen und klein schneiden
250 g Topinambur	schälen und klein schneiden
3 EL Granatapfelsirup	
250 g Ziegenkäse (oder Feta)	zerbröseln
4 EL Rapsöldressing	siehe Rezept S. 22
150 g Salatmischung	
1 Granatapfel	Granatapfel halbieren, Kerne herauslösen
Außerdem: Olivenöl	

Zubereitung

Das Gemüse in 4 EL Olivenöl etwa 5 Min. braten. Salzen, 3 EL Granatapfelsirup zugeben und zugedeckt 3 Min. ziehen lassen. Abkühlen lassen und mit dem Käse vermischen.

Rapsöldressing über den Salat geben, auf die Teller verteilen, das Gemüse darauf anrichten und mit den Granatapfelkernen garnieren.

> **Tipp:** Halbieren Sie den Granatapfel und drücken Sie die Kerne in einer großen Schale mit kaltem Wasser aus. Dabei sinken die Kerne auf den Boden, die weißen Häutchen schwimmen an die Oberfläche.

Erdäpfel und -artischocken

Topinamburknollen ähneln Kartoffeln und sind oft bizarr geformt, mit brauner bis violetter Schale. Im Inneren dagegen sind sie weiß bis cremefarben und erinnern geschmacklich eher an Artischocken – daher auch die Bezeichnung Erdartischocke. Im Gegensatz zum Erdapfel, der Kartoffel, kann man Topinambur auch roh essen. Er hat dann ein feines Nussaroma. Er lässt sich aber auch braten, dünsten, gratinieren.

Papadams mit rotem Linsenpüree

Den besonderen Reiz dieses indisch angehauchten Gerichts machen die unterschiedlichen Konsistenzen aus. Hier treffen knusprige Papadams auf weiches gewürztes Linsenpüree.

⊠ 25 Min. · **Pro Portion:** 515 kcal, 14 g E, 20 g F, 59 g Kh, 10 g B

Für 4 Portionen	Vorbereitung
200 g rote Linsen	
1/2 Zitrone	auspressen
1 mittlerer Radicchio	Blätter vom Kopf lösen, in kleinere Stücke zerteilen
1 Packung Papadams (200 g)	
Außerdem: Salz, dunkles und helles Sesamöl, Pflanzenöl	

Zubereitung

Linsen in 450 ml kochendes Wasser geben, aufkochen und auf kleiner Flamme garen. Nach etwa 6 Min., wenn die Linsen weich sind, 1–2 EL Linsen zur Dekoration herausheben. Die restlichen Linsen noch einmal rund 5 Min. – gegebenenfalls länger – so weich kochen, dass sie sich mit einem Löffel zu Püree rühren lassen. Erst jetzt mit 1 TL Salz, dem Zitronensaft und 1 EL dunklem sowie 2 EL hellem Sesamöl abschmecken. Das Püree etwa 10 Min. abkühlen lassen, über den Radicchio geben, die restlichen Linsen darüberstreuen.

Jeweils ein Papadam nach Packungsanleitung in einer größeren Pfanne in etwa 4 EL heißem Öl einige Sekunden auf beiden Seiten ausbacken. Die knusprigen, leicht gebräunten Papadams schnell mit dem Püree servieren, vorher auf Küchenpapier überschüssiges Öl abtropfen lassen.

Tipp: Noch mehr Indien holen Sie sich auf den Teller, wenn Sie die Linsen extra würzen. Zum Beispiel mit 2 TL Garam Masala, einer Gewürzmischung aus dem Asialaden. Oder Sie mixen selbst: je 1 TL Kreuzkümmel, Koriander, Kurkuma, rotes Paprikapulver und dazu noch etwas Chili.

Indisches Fladenbrot

Papadam, Papad oder Papar nennt man sehr dünnes indisches Fladenbrot, meist aus Linsenmehl. Sie bekommen es – auch unterschiedlich gewürzt – im Asialaden. Wenn die Teigfladen von beiden Seiten frittiert werden, gehen sie gleichmäßig auf und werden unnachahmlich knusprig, so ähnlich wie Cracker. Dünnes, getoastetes Fladenbrot wäre ein Ersatz, wird aber nie so schön knackig.

Linsen mit Tomatenconfit und Ziegencamembert

Edle Berglinsen, fruchtige, gekräuterte Tomaten und zart schmelzender Ziegenkäse ergänzen sich zu einer perfekten Mahlzeit, die sich sehr gut vorbereiten lässt.

⊠ 45 Min. · **Pro Portion:** 750 kcal, 45 g E, 37 g F, 49 g Kh, 20 g B

Für 4 Portionen	Vorbereitung
250 g Berglinsen (oder Puylinsen)	nach Packungsanweisung kochen und abgießen
1 Gemüsezwiebel	schälen, fein würfeln
2 Knoblauchzehen	schälen, fein würfeln
600 g kleinere Tomaten	einritzen, größere Tomaten vierteln
250 g Räuchertofu	grob reiben
400 g Ziegencamembert	in Scheiben oder Dreiecke schneiden
500 ml passierte Tomaten (Packung oder Glas)	
einige Stiele Rosmarin (oder Thymian)	Nadeln abzupfen und hacken
einige Stiele Basilikum	Blätter abzupfen
Außerdem: Olivenöl, Salz, Honig	

Zubereitung

Linsen aufsetzen. Zwiebel und Knoblauch mit Rosmarin in 2 EL Olivenöl anbraten, Tomatenpüree und 1 EL Honig dazugeben, salzen und etwa 10 Min. köcheln lassen. Tomaten und Tofu hinzufügen, erneut aufkochen und 5–10 Min. sanft weiterkochen.

Die Linsen unter das Confit heben, mit Salz und eventuell noch Olivenöl abschmecken. Alles auf einer Platte anrichten, mit Ziegenkäse belegen und mit Basilikum garnieren. Die Linsen sollten nicht zu heiß sein, sonst schmilzt der Camembert schnell.

> **Tipp 1:** Diese Kombination schmeckt auch kalt. Lauwarm ist das Aroma aber am besten.
>
> **Tipp 2:** Das Gericht präsentiert sich am schönsten, wenn die Tomaten noch nicht verkocht sind, sondern sichtbar bleiben.

Hier geht es ans Eingemachte

Confit ist das französische Wort für Eingelegtes oder Eingemachtes. Ursprünglich bezog es sich auf Fleisch, das mit viel Fett haltbar gekocht wurde – besonders bekannt ist Entenconfit. Heutzutage versteht man unter Confit auch langsam geschmorte Beilagen wie hier Tomaten oder auch Zwiebeln.

Hokkaidokraut mit Portweinpflaumen

Sauerkraut ist unglaublich wandlungsfähig. Hier gibt ihm pürierter Kürbis Fülle und Bindung, die mit Portwein aromatisierten Pflaumen steuern milde Süße bei.

⊠ etwa 1 Std. · **Pro Portion:** 760 kcal, 17 g E, 58 g F, 26 g Kh, 7 g B

Für 4 Portionen	Vorbereitung
2 Zwiebeln (etwa 200 g)	schälen, halbieren und in Streifen schneiden
1 kg mildes Sauerkraut	abtropfen lassen und ausdrücken, zu saures Kraut waschen, klein schneiden
1 kleiner Hokkaido (etwa 700–1000 g)	schälen, die Kerne auskratzen, das Fleisch in kleine Stücke schneiden
250 g Sahne	
100 g getrocknete Pflaumen	
100 ml Portwein	
Außerdem: Salz, Butter, Lorbeerblätter, Pimentkörner	

Zubereitung

Zwiebeln in 3 EL Butter anbraten, Sauerkraut, 2 Lorbeerblätter und Pimentkörner (6–10 je nach Geschmack) hinzufügen, Wasser dazufüllen, sodass das Kraut knapp bedeckt ist. Je nach gewünschter Festigkeit 10–60 Min. köcheln lassen.

Kürbis mit 75 ml Wasser pro 100 g Fruchtfleisch etwa 15 Min. kochen, dann pürieren, salzen, Sahne dazugeben. Die Kürbissauce mit 3 EL Butter unter das Kraut mischen, dabei gut rühren. Pflaumen in etwa 50 ml Wasser plus Portwein aufkochen, 5 Min. ziehen lassen, mit dem Kraut servieren.

Tipp: Kokosmilch statt Sahne gibt dem Kraut eine neue Nuance. Für besonderen Biss sorgen Kürbiskerne.

Dazu passt: Serviettenknödel (S. 35).

Pflaumen

Die Familie der Pflaumen ist groß, auch die Renekloden und gelben Mirabellen gehören dazu. Trocknen ist die älteste Konservierungsmethode. Aber egal ob frisch oder getrocknet: Vor allem die dunklen Früchte enthalten viele Polyphenole – gut für das Immunsystem.

Sahniges Sauerkraut

Manchmal zeigt sich Sauerkraut von seiner sanften Seite. Dazu verhelfen ihm Sahne und pürierte Gerstengraupen. So wird das Kraut besonders mild.

⧗ 1 Std. + 12 Std. Einweichen · **Pro Portion:** 430 kcal, 9 g E, 28 g F, 29 kH, 10 g B

Für 4 Portionen	Vorbereitung
100 g Gerstengraupen	in 1 l Wasser 12 Stunden einweichen
1 Zwiebel	schälen, halbieren und in Streifen schneiden
1 Möhre	raspeln
1 Pastinake	raspeln
1 kg mildes Sauerkraut	hacken, zu saures Kraut vorher waschen
1 kg Kartoffeln (festkochend)	schälen
200 ml Sahne	
Außerdem: Butter, Lorbeerblätter, Wacholderkörner	

Zubereitung

Gerstengraupen im Einweichwasser 2 Stunden auf kleiner Hitze kochen, mit dem Mixstab pürieren.

Zwiebel in 3 EL Butter etwa 3 Min. anschwitzen. Mit den Möhren- und Pastinakenraspeln weitere 3 Min. rösten. Sauerkraut, 2 Lorbeerblätter und 10 Wacholderkörner dazugeben und 10–60 Min. kochen, je nach Sorte und gewünschtem Biss.

Die Kartoffeln 20–30 Min. in Salzwasser weich kochen. Das gegarte Sauerkraut mit dem Gerstenpüree binden, die Sahne dazugeben und noch einmal aufkochen. Zusammen mit den Kartoffeln servieren.

Dazu passt: Räuchertofu gebraten.

Die Kartoffeln können Sie auch durch gebratene Polentaschnitten (S. 27) oder Serviettenknödel (S. 35) ersetzen.

Süßes kontra Saures

Das Verfahren ist uralt: In Streifen geschnittener Weißkohl mit Salz gärt 4 bis 6 Wochen im eigenen Pflanzensaft. Das Ergebnis fällt längst nicht mehr so sauer aus wie zu Großmutters Zeiten, wohl aber sehr unterschiedlich. Zu saures rohes Kraut können Sie kurz waschen, wobei aber viel Gesundes im Abfluss landet. Manchmal hält auch schon etwas Aprikosenkonfitüre, ein geriebener Apfel oder Apfelsaft die Säure in Schach. Doch ob zu sauer oder eher milde: Nach wie vor gilt auch bei Gourmets, was Wilhelm Busch seiner Witwe Bolte für den Sauerkohl in den Mund legte: „... wofür sie besonders schwärmt, wenn er wieder aufgewärmt."

Bigos – Sauerkraut auf Polnisch

Für das Nationalgericht unserer polnischen Nachbarn gibt es unzählige Rezepte, meist recht deftige. Hier kommt Bigos mit Sauerkraut plus Weißkohl leichter daher.
⌛ 1 Std. 25 Min. · **Pro Portion:** 350 kcal, 14 g E, 23 g F, 15 g Kh, 8 g B

Für 4 Portionen	Vorbereitung
1 Zwiebel	schälen und fein würfeln
3–4 Knoblauchzehen	schälen, fein würfeln oder in Scheiben hobeln
500 g mildes Sauerkraut	schneiden, sehr saures Kraut waschen
500 g Weißkohl	in dünne Streifen wie Sauerkraut schneiden
150 g Räuchertofu	in mundgerechte Stücke schneiden
150 g Glutenschnitzel	klein schneiden
100 g Bratrollen (vegetarische Würstchen)	in Scheiben schneiden

Außerdem: Öl, 1/2 EL gemahlener Kümmel, 2 Lorbeerblätter, 10 Wacholderbeeren, Tomatenmark, Butter, Mehl, Pfeffer, eventuell Honig und 1 Bund frischer Majoran

Zubereitung

Zwiebel und Knoblauch in 3 EL Öl anrösten, Sauerkraut und Weißkohl dazugeben, mit 1 l Wasser und den Gewürzen etwa 1 Stunde kochen. Etwas Tomatenmark nach Geschmack hineinrühren, salzen.

Tofu, Glutenschnitzel und Bratrollen mit 1 EL Öl anbraten und unter das Bigos mischen. 2 EL Butter in einer Pfanne erhitzen, 1 EL Mehl mit einem Schneebesen einrühren und bräunen, bis es duftet. Unter das Bigos rühren und etwa 5 Min. mitkochen lassen. So wird das Gericht molliger und milder. Mit Pfeffer und eventuell Honig abschmecken. Wer mag, gibt kurz vor Ende der Kochzeit frischen Majoran dazu.

Tipp 1: Bigos ruhig einen Tag stehen lassen und aufwärmen. Das hebt den Geschmack. Oder kochen Sie etwas mehr auf Vorrat.

Tipp 2: Bratrollen und Glutenschnitzel bekommen Sie im Reformhaus.

Dazu passt: Salzkartoffeln.

Kraftspender Kraut

Schon Weißkohl steckt voller gesunder Inhaltsstoffe, erst recht das Sauerkraut, zu dem es durch die konservierende Milchsäuregärung wird. Die Mengen an Vitamin C darin haben früher auf hoher See, wo es unterwegs nichts Frisches gab, schon Menschenleben gerettet. Und gerade in kalten östlichen Gegenden lieferten Krautgerichte in langen Wintern verlässlich wichtige Vitamine und Mineralstoffe.

Würziger Kartoffelschmarrn

Kennzeichen: Lecker, knusprig, ganz einfach und ohne Ei. Trotzdem ist der deftige Schmarrn eine sättigende Mahlzeit, zu der man vielleicht noch einen Salat isst. Weniger Öl täte es zwar auch, es schmeckt dann aber nicht so authentisch.

⧗ 30 Min. + 25 Min. am Vortag · **Pro Portion:** 590 kcal, 4 g E, 50 g F, 31 g Kh, 4 g B

Für 4 Portionen	Vorbereitung
1 kg Kartoffeln	am Vortag sehr bissfest kochen, pellen und kühl aufbewahren

16 EL Öl

Außerdem: Salz, Majoran und Thymian (beides getrocknet)

Zubereitung

Die Kartoffeln auf einer Küchenreibe grob raspeln. Mit Salz und je 1 TL Majoran und Thymian vorsichtig mischen und abschmecken, dabei nicht verkneten.

Wenn mehr als 500 g auf einmal in einer Pfanne gebraten werden, haben die Kartoffeln keinen Platz, um knusprig zu werden. Deshalb in 2 Portionen braten: 8 EL Öl am besten in einer beschichteten Pfanne erhitzen, die Hälfte der Kartoffeln locker in das heiße Öl geben. Den zweiten Schmarrn mit dem restlichen Öl braten.

Es dauert 10–15 Min., bis ein Schmarrn rundherum knusprig ist. Dabei verliert er gut ein Drittel seines Gewichts. Wichtig dabei: Immer wieder die Hitze regulieren, damit er einerseits nicht zu kalt wird, andererseits nicht anbrennt.

> **Tipp:** Viele Kräuter eignen sich besonders gut zum Trocknen. Dill, Minze, Majoran, Oregano, Rosmarin und Salbei gehören dazu. Faustregel fürs Dosieren: 1 TL getrocknete Kräuter entspricht etwa 3 TL frischen.

Ein richtiger Schmarrn

Ein Schmarrn kann so manches sein: Unfug oder Unsinn im übertragenen Sinn – und im konkreten ein ländlich-ursprüngliches Gericht aus der süddeutschen und österreichischen Küche. Im Grunde besteht ein Schmarrn aus einer kohlenhydratreichen Grundzutat wie Kartoffeln oder Grieß, die dann in Fett knusprig gebraten wird. Schmarrn können süß oder salzig sein, mal ohne Eier und mal mit wie in der berühmten Süßspeise, dem österreichischen Kaiserschmarrn. Der vermutlich auch deshalb so heißt, weil er ganz besonders gut schmeckt.

Kartoffelroulade mit Pilzgemüse

Kartoffeln mit Spinat als Roulade – das kostet zwar etwas Zeit, ist aber gar nicht so kompliziert. Und die Mühe lohnt, vor allem mit dem würzigen Pilzgemüse.

☒ 2 Std. · **Pro Portion:** 820 kcal, 25 g E, 50 g F, 63 g Kh, 20 g B

Für 4 Portionen	Vorbereitung
150 ml Weißwein	
30 g getrocknete Steinpilze	1 Stunde im Wein ziehen lassen, Pilze auspressen, den Wein auffangen, Pilze hacken
600 g frischer Spinat (oder 300 g gefrorener)	waschen, Tiefkühlware auftauen lassen
1 Knoblauchzehe	schälen und fein hacken
1 Bund Basilikum	Blättchen abzupfen und hacken
1/2 Bund Oregano	Blättchen abzupfen und hacken
500 g Kartoffeln	kochen, schälen, noch warm durchpressen
2 Eier	1 Ei trennen, das Eiweiß anderweitig verwenden
150 g Mehl	
1,5 kg Lauch	der Länge nach halbieren, in halbe Ringe schneiden (etwa 2 cm), dann gründlich waschen
250 g Sahne	
3 Stiele Thymian	Blättchen abzupfen und hacken
Außerdem: Salz, Pfeffer, Margarine, Butter	

Zubereitung

Pilze wie oben beschrieben vorbereiten. Den Spinat 4–5 Min. kochen, abgießen, ausdrücken und sehr fein hacken. Mit Knoblauch, Basilikum, Oregano und Salz abschmecken. Ein Geschirrtuch mit etwa 60 g Margarine bestreichen.

Die durchgepressten Kartoffeln noch warm mit dem Ei, Eigelb, Mehl und 2 TL Salz verkneten. Den Teig auf das Tuch streichen, dabei an den beiden schmalen Rändern und am oberen der breiten Ränder etwa 5 cm frei lassen. Den Spinat auf dem Teig verteilen. Vom unteren breiten Rand aus mithilfe des Handtuchs zu einer Roulade einrollen. Handtuchenden zubinden. Die Roulade 50 Min. in Salzwasser köcheln, etwas abkühlen lassen und aus dem Tuch nehmen.

Lauchringe mit 100 ml Wasser und Sahne aufkochen, salzen. Mit Thymian, dem Wein und eingeweichten Pilzen etwa 5 Min. köcheln lassen. Vom Feuer ziehen, 80 g kalte Butter einrühren, mit Pfeffer abschmecken. Die Roulade in Scheiben schneiden, eventuell aufbraten, mit dem Gemüse servieren.

Möhren in Rote-Bete-Saft mit Kartoffelbällchen

Hier gehen Möhren und Rote Bete eine überraschende, aber geglückte Liaison ein. Den Kontrast setzen Kartoffelbällchen mit Schafskäse und knackigen Körnern.

⊠ 40 Min. · **Pro Portion:** 760 kcal, 17 g E, 63 g F, 30 g Kh, 10 g B

Für 4 Portionen	Vorbereitung
6 EL Sonnenblumenkerne	
500 g Kartoffeln (mehlig kochend)	mit Schale kochen, abgießen und schälen
750 g Möhren	schälen, der Länge nach halbieren, schräg in 1 cm breite Stücke schneiden
2 Rote Bete (einfacher: Rote-Bete-Saft)	schälen, fein raspeln, ausdrücken und 100 ml Saft auffangen
200 g Feta (oder weißer Ziegenkäse)	zerkrümeln
Außerdem: Oliven- und Kürbiskernöl, Dijonsenf	

Zubereitung

Sonnenblumenkerne in einer Pfanne 2–3 Min. ohne Fett hellbraun rösten, abkühlen lassen.

Kartoffeln mit dem zerkrümelten Schafs- oder Ziegenkäse, 8–10 EL Olivenöl und Salz zu einer cremigen Masse kneten. Kleine Bällchen formen und in den gerösteten Kernen wälzen.

Möhrenstücke in 3 EL Olivenöl 5–8 Min. unter Rühren in zwei Portionen anbraten. Alles mit dem Rote-Bete-Saft ablöschen, 1 EL Senf zufügen, salzen und gut durchrühren. Eventuell noch weiter kochen, die Möhren sollten bissfest sein. Alles mit 3 EL Kürbiskernöl abschmecken.

Die Möhren mit den Kartoffelbällchen anrichten. Zimmerwarm serviert schmecken sie am besten.

Tipp: Die gekochten Kartoffeln sorgfältig, aber nicht zu stark kneten. Das würde die Kartoffelstärke aktivieren; statt Mus erhält man dann eine Art Pudding.

Dazu passt:
Eine Sauce aus Frischkäse: je 200 g Hüttenkäse und Joghurt mischen und salzen.

Rosenkohl mit Shiitake und Champignonsauce

Knackig gegart und begleitet von aromatischen Pilzen, macht sich der oft verschmähte Rosenkohl neue Freunde.

⊠ 45 Min. · **Pro Portion:** 545 kcal, 15 g E, 48 g F, 9 g Kh, 16 g B

Für 4 Portionen	Vorbereitung
250 g Champignons	grob raspeln
250 g Sahne	
1/2 Bund Thymian	Blättchen abzupfen, hacken
700 g Rosenkohl	putzen und vierteln
600 g Shiitake	die Stiele entfernen und die Kappen halbieren
Außerdem: Butter, Salz, Pfeffer, Olivenöl, Sojasauce, Rotwein	

Zubereitung

Die geraspelten Champignons mit der Sahne 15 Min. kochen, dann sehr fein pürieren und mit Thymian und Salz abschmecken.

Den geviertelten Rosenkohl in 3 EL Butter anbraten, mit 150 ml Wasser aufgießen, salzen und aufkochen. Dann zugedeckt 5 Min. auf kleiner Hitze ziehen lassen. Die Shiitake in 6 EL Olivenöl anbraten, mit je 8 EL Sojasauce und Rotwein aufgießen. Hitze reduzieren, alles zugedeckt 5 Min. köcheln lassen.

Den Rosenkohl zusammen mit den Shiitake und der Champignonsauce servieren. Mit Pfeffer aus der Mühle abschmecken.

> **Dazu passt:** Serviettenknödel (S. 35) oder Polentabeilagen (S. 27).

Aromatischer Asiate

In Japan und China ist der Shiitake (auch She-taki-kee) seit Jahrhunderten beliebt als Würz- und Speisepilz. Als Zuchtpilz ist er auch bei uns im Handel, häufig aber sehr trocken. Das macht ihn weniger zum Braten als zum Dünsten geeignet. Dass er vergleichsweise teuer ist, lässt sich leichter verschmerzen, weil sich sein Volumen meist bei der Zubereitung vergrößert.

Gratinierter Chicorée in Honigsauce

Sonst schnippeln wir Chicorée zu Salat. Gratiniert zeigt die Salatpflanze ganz ungewohnte Seiten. Parmesanbrösel und eine Zitrus-Honig-Sauce passen hervorragend zu ihrem herben, leicht bitteren Aroma.

⊠ 25 Min. + 15 Min. Gratinieren · **Pro Portion:** 460 kcal, 17 g E, 28 g F, 35 g Kh, 8 g B

Für 4 Portionen	Vorbereitung
100 g Parmesan	reiben
100 g Semmelbrösel	
1 Zitrone	auspressen
1 Orange	auspressen
750 g Chicorée	von den welken Blättern befreien, je nach Größe der Länge nach vierteln oder achteln
1 Lauchstange (etwa 350 g)	putzen, in Stücke teilen, die in der Größe zum Chicorée passen, die Stücke ebenfalls der Länge nach vierteln
2 mittlere Möhren	wie den Lauch vorbereiten
Außerdem: Butter, Salz, Honig	

Zubereitung

Ofen auf 180 °C vorheizen. 100 g Butter schmelzen, mit Parmesan und Semmelbröseln vermischen.

Zitronen- und Orangensaft mit 50 ml Wasser, Salz und 2–3 EL Honig mischen. Das Gemüse in ein feuerfestes Gefäß schichten, mit dem Saft übergießen. Auf der Herdplatte in einem feuerfesten Topf erhitzen. Sobald er heiß ist, die Hitze reduzieren und zudecken. Nach etwa 5 Min. ist das Gemüse bissfest.

Die Parmesanbrösel über das Gemüse verteilen, im Ofen auf die zweite Schiene von oben schieben und etwa 15 Min. bei Oberhitze gratinieren.

Tipp: Auch Herde haben ihr Eigenleben, Backöfen werden oft ganz unterschiedlich heiß. Kontrollieren Sie zwischendurch öfter mal die Bräunung, damit nichts verbrennt.
Dazu passt: Pastinakenpüree (S. 33).

Dampfgaren mit Deckel

Am meisten Aroma behält das Gemüse, wenn es im eigenen Saft mit viel Dampf garen kann. Für genügend Feuchtigkeit sorgt meist schon frühes Salzen, denn das Mineral zieht aus dem Gemüse genug Flüssigkeit, sodass weitere Zugaben häufig im wahrsten Sinne des Wortes überflüssig sind. Wichtig ist: Den Deckel sofort auf den Topf, sobald der erste Dampf aufsteigt, damit der auch im Topf bleibt.

Falsche Schinkenfleckerl

In Österreich sind die Fleckerl traditionelle Hausmannskost. Wir servieren sie als breite Nudeln mit Tofu und Erbsen anstelle von Schinken, dazu Kräuter und Sahne.

⊠ 25 Min. · **Pro Portion:** 970 kcal, 29 g E, 44 g F, 108 g Kh, 9 g B

Für 4 Portionen	Vorbereitung
500 g Fleckerlnudeln (oder andere kurze, breite Nudeln)	
300 g Räuchertofu	in kleine Würfel schneiden
1 große Zwiebel	schälen und fein hacken
250 g Sahne	
4–5 Stiele Majoran (oder Thymian)	Blättchen abzupfen, hacken
1 Bund Petersilie	fein hacken
300 g Tiefkühlerbsen	
Außerdem: Salz, Rapsöl	

Zubereitung

Pasta in Salzwasser al dente kochen, abgießen, und mit 1 EL Rapsöl mischen, damit die Nudeln nicht zusammenkleben.

Räuchertofu und Zwiebeln in 4 EL Rapsöl anbraten, mit 100 ml Wasser und der Sahne ablöschen. Gehackte Kräuter, Erbsen und Salz dazugeben, alles 5 Min. bei kleiner Hitze kochen lassen. Die Nudeln unter die Sauce heben und servieren.

> **Tipp:** Das Nudelgericht wird ideal durch knackige Salate ergänzt.
>
> **Dazu passt:** Grüner Salat mit Rapsöldressing (S. 22).

Farfalle statt Fleckerl

„Schinkenfleckerln!", in denen „ollaweil das Fleisch Versteckerln" spielt – der Song ist und bleibt ein Wiener Evergreen. Als österreichische Antwort auf Spaghetti carbonara oder einfach Schinkennudeln verlangt das Gericht eigentlich spezielle Fleckerlnudeln. Diese österreichische Nudelspezialität ist in Deutschland aber nur schwer zu bekommen. Man darf sich die Fleckerln wie extrem kurze, quadratische Bandnudeln vorstellen, etwa 2 cm x 2 cm groß. Wenn Sie keine Fleckerln im Laden finden, nehmen Sie einfach Nudeln ähnlicher Größe – wie kleine Farfalle oder schwäbische Muschelnudeln.

Weiße Bohnen im Strudelteig

Strudel ist für Überraschungen gut. Und die können durchaus mal herzhaft ausfallen. Diese Variante birgt einen aromatischen, mit Rosmarin gewürzten Gemüsemix.
⊠ 30 Min. + 25 Min. Backen · **Pro Portion:** 695 kcal, 22 g E, 26 g F. 86 g Kh, 16 g B

Für 4 Portionen

Für 4 Portionen	Vorbereitung
2–3 Zwiebeln	schälen und würfeln
2–3 Möhren	schälen, halbieren und in Scheiben schneiden
2–3 Stangen Staudensellerie	in Scheiben schneiden
einige Zweige Rosmarin	Nadeln abstreifen, hacken
700 g weiße Bohnen (Dose)	
400 g fertiger Strudelteig	
Außerdem: Butter, Salz, Essig, Schmand	

Zubereitung

Ofen auf 220 °C vorheizen.

Zwiebeln, Möhren und Sellerie in einer Pfanne mit 1 EL Butter etwa 3 Min. anrösten. Bohnen, Rosmarin und etwas Essig zufügen, salzen, gut verrühren.

Strudelteig in 2 Stücke teilen. Jedes Stück wie beim Apfelstrudel erst ausrollen und dann mit der Hand dünn auf eine Größe von 40 cm x 40 cm ausziehen. Das Bohnenragout locker darauf verteilen, dabei etwa 2 cm Rand lassen.

Backblech mit rund 30 g Butter einstreichen. 5o g Butter schmelzen.

Den Strudelteig mit dem Gemüse einrollen, Enden zusammenschieben. Den Strudel so auf das Blech heben, dass die Naht unten ist. Mit der geschmolzenen Butter bestreichen und etwa 25 Min. backen.

> **Tipp:** 250 g Tofu würfeln, mit dem klein geschnittenen Gemüse braten und zur Füllung geben.
>
> **Dazu passt:** Grüner oder gemischter Salat. Dressings siehe S. 22.

Frisch, gefroren oder Konserve?

Frisches Gemüse ist immer das Beste. Tatsächlich? Oft ist Tiefgefrorenes sogar die bessere Wahl, wenn es nämlich frisch vom Feld direkt nach der Ernte eingefroren wird. Konserven haben ebenfalls Vorteile, gerade auch bei Hülsenfrüchten. So spart man sich viel Zeit für langes Einweichen und Kochen. Außerdem können die Hitzegrade beim industriellen Konservieren den wichtigen Inhaltsstoffen kaum mehr anhaben als langes Kochen am heimischen Herd.

Knusprige Tortillas mit Schoko-Chili-Bohnen

Bei diesem Rezept stand Mexiko Pate: Herbe Schokolade mit fruchtigen Tomaten, sämigen Bohnen und scharfem Chili – hierzulande eine ungewöhnliche Kombination. Probieren Sie sie. Es lohnt sich!

⧗ 25 Min. · **Pro Portion:** 340 kcal, 14 g E, 15 g F, 37 g Kh, 10 g B

Für 4 Portionen	Vorbereitung
1 Bund Frühlingszwiebeln (oder 2 – 3 Zwiebeln)	in Ringe schneiden
600 g frische Tomaten (oder 2 Dosen, abgetropft)	Stielansatz herausschneiden, klein hacken
400 g weiße Bohnen (Glas oder Dose)	abtropfen lassen und gut abspülen
50 g Schokolade (mindestens 70 % Kakao)	in kleine Stücke hacken
8 Weizentortillas (oder Maistortillas)	Fertigprodukt kaufen (20 cm Durchmesser)
Außerdem: Olivenöl, Salz, Chilipulver	

Zubereitung

Frühlingszwiebeln in 1 EL Öl leicht anbraten. 100 ml Wasser, Bohnen, Tomaten, Salz und Chili (1 Messerspitze bis 1/2 TL) dazugeben. Zugedeckt etwa 5 Min. köcheln lassen, bis die Tomaten weich sind und die Sauce sämig ist. Schokolade unterheben, Sauce abschmecken, auch mit Salz. Der Schokogeschmack soll im Hintergrund bleiben.

Eine Pfanne mit 1 EL Öl ausstreichen, Tortillas darin kurz auf beiden Seiten erwärmen. Je zur Hälfte mit dem Schoko-Chili-Gemüse belegen, die andere Hälfte überklappen. Sofort servieren.

> **Dazu passt:**
> Koriandergrün und Zitrone. Gut schmecken auch gebratene, mit Thymian gewürzte Zucchiniwürfel (S. 96) oder Gurkensalat.

Die kleinen Torten von Mexiko

Tortilla, das Brot der Mexikaner, heißt wörtlich übersetzt kleine Torte. In ihrem Heimatland werden die Fladen vor allem aus Maismehl gebacken. Weizentortillas sind meist größer, heller und biegsamer. In luftdichten Verpackungen sind sie ungeöffnet mehrere Monate lang haltbar – ideal für den Vorrat.

Rotwein-Rüben-Risotto von der Gerste

Dieses Gerstenrisotto mit Rotwein kommt immer gut an. Es ist schon fast ein Klassiker. Und es geht ganz einfach. Die Gerste bekommen Sie als Graupen überall im Supermarkt.

⧗ 1 Std. · **Pro Portion:** 480 kcal, 13 g E, 18 g F, 55 g Kh, 5 g B

Für 4 Portionen	Vorbereitung
1 mittlere Möhre	schälen und würfeln
1 Zwiebel	schälen und würfeln
1 Stange Staudensellerie (oder 80 g Knollensellerie)	würfeln
1 kleiner Bund Thymian	Blättchen abzupfen, fein hacken
300 ml Rotwein	
300 ml Rote-Bete-Saft	
250 g Gerstengraupen	
80 g alter Gouda	reiben

Außerdem: Rapsöl, Lorbeerblätter oder Rosmarin, Salz, Pfeffer, Butter

Zubereitung

Das Gemüse und den Thymian in 2 EL Öl anschwitzen. Mit je 300 ml Wasser, Wein und Saft ablöschen. Aufkochen, Gerste einstreuen, eventuell 2 Lorbeerblätter oder 1/2 TL getrockneten Rosmarin dazugeben.

Erneut aufkochen, die Hitze reduzieren, zugedeckt etwa 20 Min. köcheln lassen. Salzen, weitere 20 Min. köcheln lassen, vom Herd nehmen.

Kurz vor dem Servieren das Risotto mit Käse, 20 g Butter, Salz und Pfeffer abschmecken.

Tipp: Das Risotto alternativ ohne Kräuter kochen und mit frischem Meerrettich abschmecken.

Dazu passt: Mangold oder Blattspinat.

Klein, fein – und schneller weich

Ohne Getreide wäre unsere Ernährung nicht denkbar. Im vollen Korn mit inhaltsreicher Schale steckt so ziemlich alles, was der Mensch zum Leben braucht. Mit ihrer harten Hülle werden Körner aber nur sehr langsam gar. Schneller geht's, wenn sie angeschnitten oder poliert sind. Zum Beispiel Graupen, die meist von der Gerste kommen. Auch Dinkelreis gart schneller als Dinkel. Bekannt sind Bulgur und Couscous, beides geschälter, zerkleinerter und vorgegarter Weizen.

Grünkohl in Champignoncreme

Wer sagt denn, dass Grünkohl eine deftige Begleitung braucht? Hier entwickelt er mit Champignons neue Nuancen, die Sahne setzt sanft-cremige Akzente.

⌛ 30 Min. · **Pro Portion:** 530 kcal, 14 g E, 48 g F, 9 g Kh, 10 g B

Für 4 Portionen	Vorbereitung
500 g Champignons	säubern, raspeln oder klein schneiden
300 g Sahne	
1 Bund Frühlingszwiebeln	in Ringe schneiden
1 Glas Grünkohl (etwa 500 g Einwaage)	
200 g braune Champignons	säubern, vierteln
Außerdem: getrockneter Thymian, Rapsöl, Butter	

Zubereitung

Die geraspelten Champignons zusammen mit der Sahne, 1 TL Salz und einer Messerspitze Thymian 15 Min. kochen, anschließend pürieren (Mixstab).

Die Frühlingszwiebeln in 3–4 EL Butter anrösten, Grünkohl und etwas Thymian hinzufügen. Die Mischung zur Champignoncreme geben, alles einmal aufkochen lassen, mit Salz und Thymian abschmecken.

Die geviertelten Champignons in 2 EL Rapsöl braten, zum Servieren über den Eintopf geben.

> **Tipp:** Grünkohl muss glänzen, sagt der Volksmund und meint damit, dass ihm Fett guttut. Das kann natürlich auch Sahne sein.

Der aus der Kälte kommt

Roh zeigen seine sehr krausen Blätter noch ein intensives Grün, doch das schwindet mit dem Kochen. Möglicherweise heißt er deshalb oft auch Braunkohl. Aber ob braun oder grün: Es ist ein Winterkohl, der in der kalten Jahreszeit geerntet wird, weil Kälte ihm nichts anhaben kann. Im Gegenteil: Im Winter wird ein Teil der Stärke im Kohl zu Zucker, unangenehme Kohlaromen verlieren sich, das Gemüse wird leichter bekömmlich. Sie müssen dazu nicht auf den ersten Frost warten. Beständig kühle Temperaturen reichen völlig.

Grünkohlcurry mit Kürbisspalten

Grünkohl mit Ingwer, Curry und Kokosmilch – so funktioniert Multikulti in der Küche. Bei diesem asiatisch geprägten Gericht harmoniert der dunkelgrüne Winterkohl auch optisch mit den orangen Kürbisspalten. Und ist blitzschnell zubereitet.

⊠ 30 Min. · **Pro Portion:** 355 kcal, 10 g E, 27 g F, 18 g Kh, 11 g B

Für 4 Portionen	Vorbereitung
1 Bund Frühlingszwiebeln	putzen, in dicke Ringe schneiden
1 Glas Grünkohl (etwa 500 g Einwaage)	abtropfen lassen
50 – 100 g Ingwer	schälen und raspeln
1 kg Hokkaidokürbis	schälen, halbieren, Kerne auskratzen und in dünne Scheiben schneiden (etwa 1 cm)
250 ml Kokosmilch	
Außerdem: Butter oder Öl, Currypulver, Salz	

Zubereitung

Die Frühlingszwiebeln etwa 3 Min. in 1–2 EL Butter oder Öl anschwitzen. Den Grünkohl, Ingwer und die Kokosmilch hinzufügen, salzen. Den Kohl aufkochen und noch etwa 3 Min. weiterkochen, damit sich die Aromen verbinden. Das Gemüse mit Salz und Currypulver abschmecken.

Kürbisscheiben in einer beschichteten Pfanne von beiden Seiten jeweils 3–5 Min. in Butter braten, salzen und mit dem Grünkohl servieren.

> **Tipp:** Die Kürbisscheiben lassen sich natürlich auch gut im Ofen braten.
>
> **Dazu passt:** Salzkartoffeln.

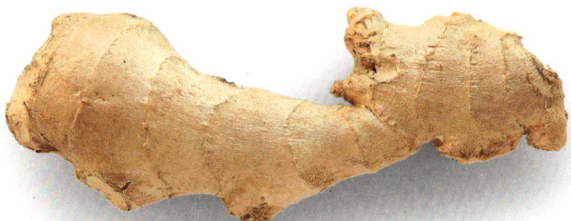

Knorrige Knollen

Ingwer schmeckt zitronig-frisch, ist würzig und von einer ganz speziellen sanften Schärfe. Das bewirken ätherische Öle und andere Scharfstoffe. Damit Geschmack und Wirkung nicht verkochen, sollte man den Ingwer immer erst relativ spät zu den Gerichten geben. Am besten schmeckt er ganz jung, wenn die Haut der knorrig aussehenden Wurzeln noch glatt und glänzend ist. Die Knollen halten sich einige Wochen im Gemüsefach. Gehackt, gerieben oder püriert lässt sich Ingwer auch bestens einfrieren.

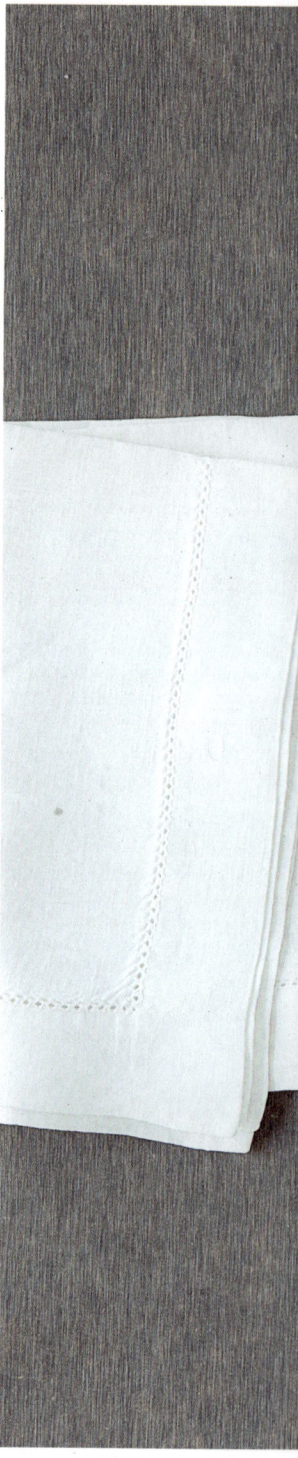

Schokorisotto mit Vanille-Äpfeln

Winterzeit ist Schokoladenzeit. Diese fruchtig-schokoladige Süßspeise ist aber auch das ganze Jahr über ein Genuss. Hier kontrastiert die herbe Süße von in Butter gebratenen Apfelscheiben mit dem Schokoaroma.

⧖ 25 Min. · **Pro Portion:** 400 kcal, 6 g E, 17 g F, 54 g Kh, 4 g B

Für 4 Portionen	Vorbereitung
360 g Gerste gekocht	oder 120 g Gerste kochen siehe Rezept S. 20
100 g Schokolade (mindestens 70 % Kakao)	hacken
2 Äpfel	halbieren, Kerngehäuse entfernen, in Spalten schneiden
100 ml Milch	
Außerdem: Honig, Butter, Bourbon-Vanillezucker	

Zubereitung

Schokolade bei sanfter Hitze schmelzen. Mit Milch und 2 EL Honig glatt rühren. Die Gerste in die Schokoladenmischung einrühren, alles einmal aufkochen.

In einer beschichteten Pfanne 2 EL Butter zergehen lassen, 2 EL Vanillezucker einstreuen. Die Apfelspalten in der Vanillebutter ringsum kurz anbraten, ohne dass die Butter zu rauchen beginnt.

Das Risotto in Gläser oder Schalen füllen, mit den heißen Äpfeln garnieren und nach Geschmack mit etwas Vanillebutter beträufeln.

> **Tipp:** Versuchen Sie statt der Äpfel doch mal Birnen, winterlich gewürzt mit Zimt oder Ingwer. Oder Kirschen aus dem Glas, in der Pfanne flambiert.

Zarter Schmelz im Wasserbad

Schokolade lässt sich am besten im Wasserbad schmelzen. Und so geht's: Wasser aufkochen, eine etwas kleinere Schüssel so in den Topf hängen, dass sie weder mit dem Topfboden in Berührung kommt noch das Wasser in die Schokomasse hineinsprudelt. Die Hitze herunterschalten und langsam schmelzen lassen. Die Alternative: Im Mikrowellengerät in kleinen Portionen bei niedriger Schaltstufe schmelzen, zwischendurch immer wieder rühren und gut beobachten, damit die Schokolade nicht austrocknet.

Die Rezepte von A bis Z

Rezeptregister nach Zutaten

Abkürzungen

Mengenangaben

TL = Teelöffel

EL = Esslöffel

g = Gramm

kg = Kilogramm

ml = Milliliter

l = Liter

cm = Zentimeter

Zeitangaben

Min.= Minuten

Std. = Stunden

Nährwertangaben

kcal = Kilokalorien

E = Eiweiß

F = Fett

Kh = Kohlenhydrate

B = Ballaststoffe

Was wiegt wie viel?

	1 EL	1 TL
Öl	10–15 g	4 g
Zucker	12–15 g	5 g
Honig	22–25 g	8 g
Mehl	8–10 g	4 g
Saure Sahne	16–20 g	6 g

mittelgroße Kartoffel	80–100 g
mittelgroße Möhre	70–100 g
mittelgroße Tomate	50–60 g
mittelgroße Zwiebel	40–50 g

Backtemperaturen

Ober- / Unterhitze	Umluft	Gasherd
150 °C	140 °C	Stufe 1
180 °C	160 °C	Stufe 2
200 °C	180 °C	Stufe 3
225 °C	200 °C	Stufe 4
250 °C	220 °C	Stufe 5

Der Autor: **Christian Wrenkh** eröffnete bereits 1982 ein vegetarisches Gourmet-Restaurant in der Wiener Innenstadt. Er wurde als erster für fleischlose Küche vom Gault Millau mit einer Haube ausgezeichnet. Heute haben seine Söhne das Restaurant übernommen und er selbst betreibt eine Kochschule in Hamburg und Wien. Für ihn ist Kochen wie Essen ein Gemeinschaftserlebnis, das wir viel zu selten zelebrieren.

Impressum

© 2011, 2012 Stiftung Warentest, Berlin

Stiftung Warentest
Lützowplatz 11–13
10785 Berlin
Tel. 0 30/26 31–0
Fax 0 30/26 31–25 25
www.test.de

Vorstand: Hubertus Primus

Weiteres Mitglied der Geschäftsleitung:
Dr. Holger Brackemann
(Bereichsleiter Untersuchungen)

Programmleitung: Niclas Dewitz

Autor: Christian Wrenkh

Co-Konzeption, Art Direktion, Layout, Bildredaktion: Christian Talla

Fotografie: Ulrike Holsten, Hamburg

Fotoassistenz: Maryam Schindler

Foodstyling: Ingo Breuer, Christian Wrenkh

Weitere Fotos: Stockfood / Foodphotography E. (S. 11)

Redaktionsassistenz: Tamara Tuchscherer

Lektorat: Petra Gottschalk, Ursula Rieth Dorothee Soehlke-Lennert

Korrektorat: Hartmut Schönfuß, Berlin

Produktion: Vera Göring

Verlagsherstellung: Rita Brosius (Ltg.), Susanne Beeh

Litho / Druck: Rasch Druckerei und Verlag GmbH & Co. KG, Bramsche

Einzelbestellung:
Stiftung Warentest
Tel. 0 180 5/00 24 67
Fax 0 180 5/00 24 68
(je 14 Cent pro Minute aus dem Festnetz, maximal 42 Cent pro Minute aus dem Mobilfunknetz)
www.test.de/shop

ISBN: 978-3-86851-022-5